EINBLICKE MALLORCA

mit regionalen Rezepten

ASTRID PRINZESSIN ZU STOLBERG

Astrid zu Stolberg wurde 1959 in Bad Homburg in Hessen geboren und lebt mit ihrem Mann seit 1995 in Binissalem auf Mallorca. Sie haben zwei erwachsene Töchter und zwei Enkel. Die studierte Designerin führt Wandertouren in den Bergen Mallorcas und hält Vorträge über Land und Leute und das mediterrane Leben. Das mediterrane Leben hat sie seit ihrer frühen Kindheit durch viele lange Aufenthalte und persönliche Beziehungen geprägt. Mediterranes Lebensgefühl lässt sich besonders in authentischen Rezepten der regionalen Küche finden und nachkochen. Liebe geht durch den Magen, auch die Liebe zu einem Land oder einer Region.

Inhalt

Vorwort

Wenn wir in ein Land reisen, dann möchten wir etwas erleben. Wir wollen etwas sehen, etwas über die Geschichte und Land und Leute erfahren. Vielleicht eine andere Kultur erleben, auf einem Marktplatz sitzen und das Essen und Trinken genießen. Wenn wir verreisen, dann sind wir raus aus unserem Alltag, nehmen uns Zeit für den Partner, Familie und Freunde. Wir freuen uns über neue Eindrücke, schönes Wetter und eine gute Stimmung.

Ich habe dieses Buch als erstes Buch in einer Reihe geschrieben, um Ihnen Ihr Ferienziel näher zu bringen. Dabei spielt es keine Rolle, ob Sie ganz individuell mit Ihrem Auto anreisen, ob Sie einen Pauschalurlaub verbringen oder ob sie mit dem Kreuzfahrtschiff für eine Stippvisite im Land sind. Jeder reist auf seine Art und Weise, das möchten wir selbst bestimmen. Das ist eine Frage von Persönlichkeit und Lebensumständen. Zum Glück haben wir die Möglichkeit.

Sind Sie spontan oder planen Sie gerne? Lassen Sie sich am liebsten überraschen oder wissen Sie gerne was sie erwartet? Sind sie gerne frei und unabhängig? Oder lieben Sie die Geselligkeit? Sind sie auch im Alter noch neugierig und möchten nicht auf das Reisen und neue Eindrücke verzichten? So oder so reisen Sie in ein fremdes Land, das seine eigene Geschichte, Sitten und Bräuche hat.

Mit diesem Reisebuch möchte ich Ihnen vor allem die Menschen mit ihren regionalen Eigenarten näherbringen. Das ist weniger ein Ratgeber für Ausflugstipps, das ist ein Buch für Menschen, die sich für die Menschen und ihre Kultur interessieren. Warum haben die Bewohner unserer Reiseziele bestimmte Gewohnheiten? Unterschiedliche Bräuche, Rituale, Gesänge und Instrumente machen eine Kultur und eine Region aus. Und immer spannend: Wie kommt die regionale Küche zustande?

Als ich ein kleines Kind war, hatten wir zwei Au-Pair Mädchen aus Kroatien. Mein größtes Glück war die Zeit, die ich während der Ferien in den Familien im Süden verbringen durfte. Ich kann mich ganz genau erinnern, wie wir dort auf den Märkten waren, wie wir Nudeln selbst gemacht haben, Hühner und Fische zubereitet und wie der Käse zum Reifen unter dem Dach hing.

Seit meiner Kindheit interessiere ich mich für regionale Spezialitäten, eine einfache gesunde Küche aus regionalen Produkten. Das ist mir bis heute geblieben. Ich erinnere mich ganz genau an die Aromen und die Atmosphäre der lauen Sommerluft am Meer. Die Sehnsucht blieb, wahrscheinlich ein Grund warum ich seit über 25 Jahren im Süden lebe. Auch ein Grund, warum ich mich bis heute mit der mediterranen Küche und ihrer regionalen Verschiedenheit beschäftige.

Schön, dass Sie sich für dieses Buch über Mallorca entschieden haben. Ich wünsche Ihnen viel Freude mit diesem Buch und einen neuen Blick mit viel Spaß an ihrem Urlaubsort.

Einführung

Viele von Ihnen denken vielleicht, Spanien beginnt südlich der Pyrenäen. Ein Spanien mit Paella, Sangria, mit Flamenco, Kastagnetten und Stierkampf. Das wäre genauso, als würden Menschen fremder Länder denken, alle Deutschen tragen Lederhosen, trinken Bier und essen Haxe mit Kraut. Da wäre jeder Norddeutsche, jeder Rheinländer und jeder Berliner und alle anderen außerhalb Bayerns empört, zu Recht!

Genau dieses Vorurteil gefällt den Bewohnern der Balearen auch nicht, sie haben ihre eigene Kultur, ihre eigenen Bräuche. Sie haben ihre eigene Geschichte und feiern ihre eigenen Feste. Stierkampf ist zwar noch nicht gesetzlich verboten, aber zum Glück eine Seltenheit geworden und findet nur noch unter Protest von Tierschützern vor den Arenen statt.

Paella stammt aus Valencia, ist also keine typische Spezialität auf Mallorca, hier isst man traditionell Fideu. Natürlich können Sie auch überall Paella essen, doch wenn Sie typisch Mallorquin essen möchten, dann fahren Sie in die Dörfer im Inselinneren. Hier in diesem Buch habe ich für Sie eine Auswahl an authentischen Gerichten zum nachkochen.

Sangria und Flamenco kommen ursprünglich aus Andalusien. Eine Sangria bekommen sie auf Mallorca auch, besonders in den touristischen Gebieten an der Küste. Die Gastronomie hat sich auf die Wünsche ihrer Gäste eingestellt. Für den Mittagstisch typischer ist die Mischung von Rotwein mit einer weißen Limo, die Gaseosa. Das kann man sich ähnlich wie eine Sprite vorstellen, vielleicht nicht ganz so süß. Dieses erfrischende Sommer-Rotwein-Getränk (tinto de verano) kommt ebenfalls aus dem Süden Spaniens, steht aber auf Mallorca üblicherweise auf dem Mittagstisch. Wenn Sie im Inselinneren ein Mittagsmenü essen, sind der Rotwein und die Gaseosa im Preis bereits inbegriffen. Wie so oft ist das Geschmackssache, ich habe lieber Obst als Limo im Rotwein, wenn es denn ein fruchtig verdünnter Rotwein sein soll und vielleicht nicht schon mittags.

Flamenco werden Sie auf den Balearen übrigens vergebens suchen, hier wird Bal de Bot getanzt.

Mallorca besteht nicht nur aus dem Ballermann und wenn jemand in meiner Gegenwart „Malle“ sagt, reagiere ich empfindlich. Da korrigiere ich wirklich jeden, denn das ist eine Beleidigung für die schöne Insel. „Malle“ darf nur jemand sagen, der aus-schließlich an den Ballermann fährt, so lautet meine Antwort. Dieses „M“-Wort höre ich dann von meinen Gesprächspartnern nie wieder. Menschen, die auf der Insel leben und sie lieben, benutzen es sowieso nicht.

Tauchen wir ein, in die Geheimnisse Mallorcas. Ich erzähle Ihnen von dem Leben auf der schönsten Insel der Welt, von Geschichten und Bräuchen, der Landschaft und natürlich von köstlichen Rezepten der regionalen Küche und beginne gleich mit dem einfachsten Gericht, das Sie überall und jederzeit bekommen.

Rezept: Pamboli, das mallorquinische Butterbrot

Anfangen möchte ich mit dem Butterbrot der Mallorquiner, dem Pamboli. Das Wort „Pamboli" setzt sich aus 3 Wörtern zusammen und heißt eigentlich „Pa-amb-oli", übersetzt „Brot mit Öl". Auf das Brot kam Öl, dann der Belag. Zum Kochen und Backen wurde und wird immer noch Schweineschmalz verwendet. Zumindest unter den einheimischen Bewohnern. Doch das ist für mich eine Geschmackssache, mein Fall ist das nicht.

Pamboli besteht zunächst aus dem grauen und salzlosen Weizenvollkorn-Brot und Olivenöl, auf das Salz gestreut wird. Dazu gehört das Einreiben mit der Ramellet Tomate. Das ist eine Tomate mit einem intensiven Aroma, die den großen Vorteil hat, dass sie den ganzen Winter gelagert werden kann. Dafür wird sie nach der Ernte aufgefädelt und an einen luftigen Platz gehängt. Durch ihre dicke Schale ist das Fruchtfleisch geschützt und trocknet auch nicht ein. Die Schale wird deshalb auch nicht mitgegessen. Das Fruchtfleisch wird einfach auf das Brot gequetscht. Unsere jüngste Tochter hat während ihrer gesamten Schulzeit immer nur Pamboli in die Schule mitgenommen, nichts anderes.

Es muss allerdings nicht bei dieser einfachen Version bleiben. Wenn Sie in einer Bar oder einem Restaurant ein Pamboli bestellen, dann bekommen Sie einen Teller mit dem Tomaten-Öl-Brot mit feinem Serrano-Schinken und lokalem Käse. Dazu ein paar mallorquinische Oliven, die auch anders eingelegt sind, als die Oliven vom Festland oder aus Italien. Pamboli ist eine köstliche frische Brotzeit der Mallorquiner.

Dazu trinken die Einheimischen am liebsten ein Bier, das gilt hier als Erfrischungs-Getränk.

Die Balearen

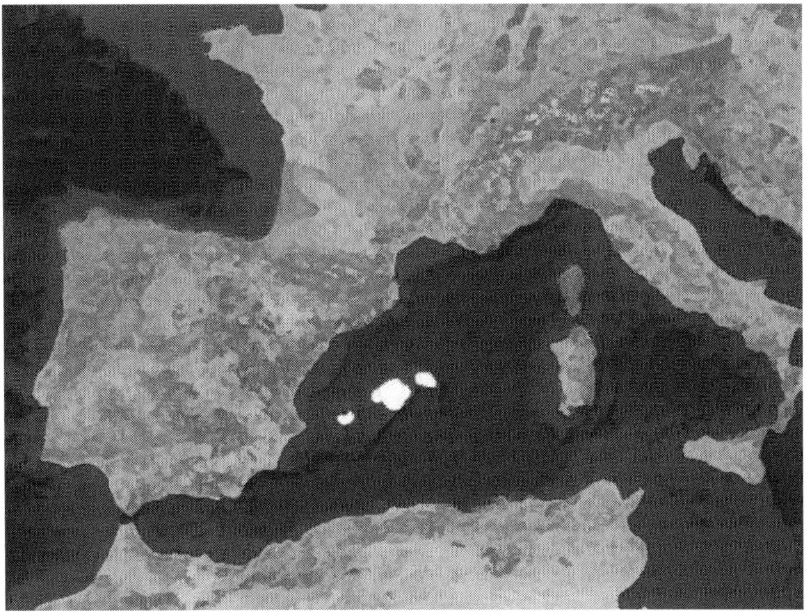

Die Inselgruppe im westlichen Mittelmeer, zu der Mallorca gehört, sind die Balearen. Auf Spanisch Islas Baleares und auf Mallorquin Illes Baleares.

Ein 1500 Meter tiefer Graben am Meeresboden trennt die Inseln vom spanischen Festland. Von Ibiza zum Festland sind es ca. 90 km, von Mallorca und Menorca ungefähr 200 km und nach Sardinien 350 km. Nach Frankreich sind es fast 400 km und von Ibiza nach Algerien bis zum afrikanischen Kontinent sind es 220 km. Die Balearen liegen also wesentlich näher an Afrika, als nach Frankreich.

Zu den bewohnten Inseln gehören Mallorca, Menorca, Ibiza und Formentera. Dazu gibt es über 150 kleine und kleinste unbewohnte Inselchen. Viele stehen unter Naturschutz, wie die Insel Cabrera, die früher militärisches Sperrgebiet war und jetzt nur mit strengen Auflagen besucht werden darf. So ist selbst das Ankern von Booten verboten. Nach vorheriger Anmeldung dürfen Boote jedoch an einer fest installierten Boje festmachen.

Die Balearen sind nicht vulkanisch wie andere Inseln im westlichen Mittelmeer, sie sind durch die Verschiebung der Erdplatten entstanden. Und zwar gleichzeitig mit den Alpen. Eine sehr junge Entstehungsgeschichte also, nur ca. 30-40 Mio. Jahre alt. Das ist erdgeschichtlich nicht viel.

Dieses geschobene Material lag also vorher am Meeresboden. Ein Grund, warum auch auf über 1000 Metern Höhe fossile Ablagerungen zu finden sind. Und auch ein Grund, warum es auf den Balearen die unglaublich weißen Sandstrände gibt, die wir sonst nur in exotischen Gebieten der Erde finden. Diese weißen, sehr feinen Strände sind nicht etwa aus Sand aus gemahlenen Steinchen, nein, sie sind fossilen Ursprungs und bestehen aus sehr fein gemahlenen Muscheln.

Für Menorca trifft das nur zum Teil zu. Menorca ist nur zum Teil geschobenes Material, so wie Mallorca und Ibiza. Der Rest ist wesentlich älter, nämlich um die 400 Mio. Jahre und deshalb vor allem für Geologen interessant.

Woher kommt der Name Balearen?

Der Name der Inselgruppe Balearen leitet sich vom alt-griechischen Wort für „werfen“ ab. Damit sind die Steinschleuderer gemeint, die dort den Griechen begegneten. Sie nannten sie Baliarides. Daraus wurde das Wort „Baleares“, auf Deutsch die Balearen.

Die Steinschleuder wurde zur Jagd, aber auch in Auseinandersetzungen eingesetzt. Die Schleudern wurden aus Pflanzenfasern hergestellt. Reißfeste Pflanzenfasern wurden geflochten, um zusätzlich die Stabilität zu erhöhen. Die Wurfgeschosse waren meist runde Steine. Also alles aus der Natur. Dabei wogen die Wurfgeschosse bis zu 500 Gramm. Wir können uns vorstellen, welche Wucht sie entwickeln konnten.

Wurfweiten von mehr als 150 Meter waren kein Problem und die Treffsicherheit war unglaublich hoch. Das übten die Bewohner der Balearen schon seit frühester Kindheit. Ein römischer Feldherr schilderte, dass auf den Balearen die Mütter ein Stück Brot hoch in einen Baum legten und die Kinder mussten es mit Hilfe der Steinschleuder runterholen. Dann erst durften sie es essen. Vorher ging es ja schlecht.

Um 1500 v. Chr. begann die Talayot-Kultur. In dieser Zeit errichteten die Bewohner Mallorcas stabile Steinbauten zum Schutz gegen Angreifer. Aus der Zeit stammen auch die ersten Funde der Steinschleuderer. Später verwendeten sie nicht nur Steine als Geschosse, sondern auch Bronze- und Eisengeschosse. Die Bronze-Projektile waren zum Teil mit Gravuren versehen. Auf den Gravuren standen Verwünschungen oder Hohn für die Gegner. Ähnlich wie zur Zeit der Wagenrennen der Römer. Damals gab es in Rom kleine Täfelchen mit Verwünschungen sogar zu kaufen. Diese konnte man vor dem Haus des Wagenlenkers oder im Stall seiner Pferde vergraben, um ihm zu schaden.

Für die hohe Kunst des Steinschleuderns waren die Ur-Mallorquiner in der Antike gefürchtet und beliebt zugleich. Sie wurden als Söldner angeheuert, vor allem in den karthagischen und römischen Armeen. In den kriegerischen Auseinandersetzungen wurden zwei Gruppen von Steinschleuderern so aufgestellt, dass sie wie einen Vorhang für Angriff oder Abwehr bildeten. Der Gegner hatte keine Chance da durchzukommen. Die Wucht der Geschosse war extrem groß. Und die Wurffrequenz jedes einzelnen Werfers soll wesentlich höher gewesen sein, als die der Bogenschützen.

Seit einigen Jahren gibt es auf den Balearen wieder mehrere Vereine der Steinschleuderer. Die Anzahl der Mitglieder steigt und jedes Jahr werden die Balearen-Meisterschaften ausgetragen. Das Steinschleudern ist zu einer für die Balearen typischen und sehr authentischen Sportart geworden.

Rezept: Aioli,
Knoblauch Mayonnaise ohne Ei

Vor jedem Menü stehen Brot, Oliven und Aioli auf dem Tisch. Aioli ist genauso wie Pamboli ein zusammengesetztes Wort: „ajo“ (oder auf katalan „alls“, gesprochen [ais]) und „oli“, also Knoblauch und Öl. Aioli gibt es auf den Balearen, in Katalonien und in Südfrankreich und ist eine Knoblauch-Mayonnaise, die super zu Brot und Oliven, aber auch zu Gemüse, Fisch oder Fleisch passt.

Aioli wird das erste Mal in einem Rezept im Jahr 1024 erwähnt. Sicher ist die Zubereitung der Creme, ursprünglich nur aus Knoblauch und Öl schon viel älter. Mallorquiner nehmen dafür ihren Mörser, der sehr oft zum Einsatz kommt, zerstoßen darin den Knoblauch und geben unter ständigem Rühren nach und nach das Öl dazu bis eine steife Knoblauch-Mayonnaise ent-steht. Das ist anstrengend, sehr fett und gelingt nur mit etwas Übung.

Aioli ist Mayonnaise mit Knoblauch. Mayonnaise soll ursprünglich aus Mahon, der Hauptstadt Menorcas stammen und war immer ohne Ei hergestellt. Der Grund für eine Mayonnaise ohne Ei, ist die Hitze im Sommer und die Verderblichkeit von rohem Ei.

Jetzt können Sie natürlich eine gekaufte Mayonnaise nehmen und frischen Knoblauch hineinpressen. Doch ich habe ein besseres Rezept, das sehr schnell geht und dazu leichter ist, weil es weniger Fett enthält. Das Rezept habe ich von einem mallorquinischen Gastwirt:

Zutaten:
50 ml Milch (kann auch ungesüßte Sojamilch sein)
100 ml Sonnenblumenöl
1-2 große Knoblauchzehen
1 gestrichenen Teelöffel Senf
1-2 Teelöffel Zitronensaft
1 Prise Salz
etwas Pfeffer

Die Zubereitung ist denkbar einfach:
Die geben alle Zutaten zusammen in einen hohen Becher und warten kurz, bis das Öl oben schwimmt. Jetzt nehmen sie einen Stabmixer (es funktioniert nur damit!!!) und stellen ihn unten am Boden des Bechers ab. Schalten sie ihn ein, während Sie ihn am Boden stehen lassen. Nach 10 Sekunden heben Sie ihn im Becher langsam an und senken ihn anschließend wieder bis zum Boden. Falls nötig, wieder holen sie diesen Vorgang noch 1-2 Mal ganz langsam. Jetzt ist Ihre Aioli schon fertig.

Da diese Aioli ohne Ei hergestellt wurde, kann sie auch in einem Schraubglas für ein paar Tage im Kühlschrank aufgehoben werden.

Unser privates Leben auf Mallorca

Ich stelle Ihnen hier in diesem Buch ein weitgehend unbekanntes Mallorca vor. Ein Mallorca mit Schneehäusern, mit Windmühlen, ein Mallorca mit Dudelsack-Spielern und 3 Einträgen ins Weltkulturerbe der UNESCO.

Wer kennt Mallorca so? Abseits vom Massentourismus, aber auch abseits der Ferienhäuser der Deutschen, der Engländer und der Skandinavier auf ihren Hügeln. Ein Mallorca der Mallorquiner. Mallorquiner, die seit Generationen auf der Insel leben sind speziell und eigen. Sie bleiben gerne unter sich und grenzen sich ab, nicht nur sprachlich.

Mallorca ist eben eine Insel und vergleichbar mit vielen Inseln auf der Welt. Aber nicht nur Menschen auf Inseln schotten sich ab und bleiben gerne unter sich. Denken Sie doch auch an Täler in den Alpen. Dort bleiben die Einheimischen auch unter sich, selbst wenn sie den vielen Touristen gegenüber gastfreundlich sind. Oder denken

Sie an ländliche Gebiete in Deutschland und dabei ist es ganz egal, ob es sich um ein Dorf im bayrischen Wald, in Brandenburg oder meiner Heimat Hessen handelt. Dort ist man auch noch nach 20-30 Jahren die Zugezogene und bleibt es ein Leben lang.

Also ist es nur verständlich, wenn wir auf Mallorca die Ausländer bleiben und auch wenn wir Freunde werden, bleiben wir Fremde. Das ist durchaus verständlich und stört nicht, wenn wir uns respektvoll begegnen. In den letzten Jahrzehnten nahm der Tourismus jährlich zu und geschätzt die Hälfte der Bewohner kommt ursprünglich nicht von der Insel. Darunter sind Nord-europäer, wie Deutsche, Engländer, Skandinavier, Franzosen usw., die sich Mallorca als zweite Heimat gewählt haben, weil sie das mediterrane Klima und Leben lieben.

Nordafrikaner, weil sie hier in Berufen Arbeit finden, die sonst kaum jemand machen möchte, wie zum Beispiel im Straßenbau und der Straßenreinigung. Südamerikaner kommen, weil sie hier bessere Lebensbedingungen und eine stabilere Politik, als in ihren Heimatländern finden. Dazu sprechen sie die Sprache, zumindest können sie sich gut verständigen. Und nicht zu vergessen die Spanier, die vom Festland kommen, vorwiegend aus den ärmeren Gegenden der spanischen Halbinsel. Sie kommen vor allem als saisonale Arbeitskräfte, als Erntehelfer in der Landwirtschaft und als Reinigungskräfte in die Hotels.

Mallorca ist seit über 25 Jahren meine Heimat. Im Sommer 1995 kam ich mit meinem Mann, zwei Kindern, zwei Hunden und 2 Katzen auf der Insel an. Wir waren sehr naiv und sprangen ins kalte Wasser. Zum Glück mit ein paar Rücklagen und zum Glück ist alles gut gegangen. Die Kinder sind längst erwachsen, leben in Deutschland ihr eigenes Leben, zum Teil mit eigener Familie.

Wir haben den Schritt auf die Insel nie bereut und der Kontakt zu Freunden und Familie in Deutschland ist geblieben. Wir genießen unsere Leben in dem kleinen Ort Binissalem im Landesinneren, ca. 20 km nördlich von der Hauptstadt Palma.

Warum haben wir Mallorca gewählt und warum eine Insel? Eine Insel steht auch immer für das Paradies und für das Glück. Uns ging es damals nicht um Mallorca, sondern tatsächlich um die Tatsache eine Insel zu wählen und im Mittelmeer sollte sie sein. Da sind die Optionen nicht so viele, wenn man bedenkt, dass wir auf eine gute Infrastruktur mit Schulen, Verdienstmöglichkeiten und einen milden Winter geachtet haben. Eine Insel steht auch immer für ein Bewusstseins-Zentrum, umgeben vom Meer, das für das Unbewusste steht. So haben wir damals natürlich nicht gedacht. Im Nachhinein kann ich nur sagen, dass wir alles richtig gemacht haben.

Wir gingen auf eine Insel, sicher auch um uns zu verändern. Vielleicht auch, um einen Abschnitt unseres Lebens hinter uns zu lassen und um einen neuen Abschnitt zu beginnen. Heute glaube ich, das war ganz sicher unbewusst der Fall. Wir sind auf einer Insel „angekommen". In Echt und im übertragenen Sinn. Das hat auch eine magische Bedeutung. Mallorca ist eine Insel, aber sie stellt fast einen Mini-Kontinent dar. Die Insel ist groß genug um alles zu bieten und immer noch klein genug um überschaubar zu bleiben.

Ich mag die Mentalität der Mallorquiner, die ich kennengelernt habe. Als Handwerker sind sie zuverlässig, korrekt und pünktlich. Als Nachbarn zuvorkommend, interessiert und hilfsbereit und als Freunde warm und herzlich. Alle Eigenschaften immer mit ein wenig Zurückhaltung, was wir sehr schätzen und als angenehm empfinden.

Die Steinzeit auf Mallorca

Mallorca hat eine sehr lange Kulturgeschichte. Erste Anzeichen hat man schon aus einer Zeit um 7000 v. Chr. gefunden, also vor 9.000 Jahren. Diese Funde sind bearbeitete Steine in Höhlen bei Deià, Valldemossa und Esporles, also in den Bergen, wo die Menschen, die damals noch Jäger und Sammler waren, Schutz fanden. Wahrscheinlich kamen die ersten Bewohner Mallorcas vom spanischen Festland, aber auch aus Frankreich.

Aus der Zeit um 3500 v. Chr. gibt es erste prähistorische Spuren. Kleine Figürchen, unscheinbar, aber Zeugen früher Siedler. Ein besonderer Ort ist die Halbinsel Muleta bei Port de Sóller. Dort fand man in einer Höhle nicht nur menschliche Skelette aus dieser Zeit, dort fand man jede Menge Knochen eines kleinen seltsamen Tieres. Kennen sie die Geschichten um den Wolpertinger in den Alpen? Es soll eine Mischung aus Hase und Gämse sein. Es gibt viele Legenden um das seltsame Tier und schließlich soll der Wolpertinger nur der Fantasie entspringen.

Die Knochen, die auf Mallorca gefunden wurden, sind diesem Fabelwesen sehr ähnlich, nur dass sie wirklich existieren. Es handelt sich hier nicht aus einer Mischung von Hase und Gämse, sondern um eine kleinwüchsige Ziege oder Antilope mit einem ausgeprägten Überbiss, weshalb man zunächst dachte, es sei ein Nagetier. Dieser Überbiss diente dem Tier, Rinde von den Bäumen zu knabbern, es war also kein Nager.

Die kleine Antilope oder Ziege überlebte nicht, weil sie einfach zu jagen war und deshalb ausstarb. Ihr lateinischer Name lautet „myotragus balearicus“. Ein Skelett davon ist im Museu Mallorca in Palma zu sehen, ebenso wie kleine Figürchen, die Zeitzeugen ältester Bewohner Mallorcas sind.

Die Jungsteinzeit war für die Menschen eine spannende Zeit. Das ist die Zeit, in der die Wissenschaft ihren Ursprung hat. Die Menschen entdeckten einen Zusammenhang von Gestirnen und Natur. Sie orientierten sich an den Sternen, an Planeten, am Mond und deren Zyklen. Es war auch die Zeit der Magie. Wenn eine Erklärung fehlte, waren es die Götter oder ihre Helfer. Noch heute lesen Menschen ihr Schicksal aus den Sternen, wenn sie um Rat suchen und nicht weiterwissen. Auch ich schaue ab und zu in mein Horoskop, auch wenn ich „eigentlich nicht daran glaube“. Das ist geblieben.

Die Bronzezeit auf Mallorca

Um 1500 v. Chr. entstand auf Mallorca die Talayot-Kultur. Talayots sind Steinbauten aus großen Steinblöcken. Sie sind damit Teil der Megalith-Kultur in Europa. Diese Steinbauten gab es nicht nur auf Mallorca, sondern auch auf den Nachbarinseln.

Auf Menorca waren die Bauten nicht rund, sondern länglich. Auf Sardinen hießen sie Nuraghen. Es sollen mal über 10.000 Nuraghen gewesen sein. Auf jedem Kilometer stand ein solches Steingebäude und dort waren sie immer 2-3 stöckig. Die Megalith-Kultur war zu dieser Zeit in ganz Europa verbreitet, ganz bekannt sind auch die Tempelanlagen auf Malta und Kreta, die hier allerdings keine Schutzräume darstellten, sondern als Tempel dienten.

Auf Mallorca gab es also die Talayots. Ich habe selbst schon Überreste davon gesehen und zum Glück fotografiert. Inzwischen sind sie kaum noch zugänglich, da sie meistens auf privaten Grundstücken stehen. Leider wurden sie in der Vergangenheit auch oft abgebaut und ihre Steine weiter verwendet, was mich sehr wundert, weil sie oft tonnenschwer sind.

Die Konstruktionen waren fast immer gleich. Die Talayots auf Mallorca waren rund, hatten dabei einen Durchmesser von ca. 15 Metern. Die Wandstärke aus bis zu einem Kubikmeter großen und schweren Steinen betrug bis zu 5 Metern, so dass ein Innenraum von ca. 5 Metern Durchmesser übrig blieb. Manchmal bestanden diese massiven Steingebäude auch aus 2 Etagen, entweder durch eine Steinplatte auf einer Säule oder einer Holzkonstruktion als Zwischendecke.

Wofür brauchten die Menschen in der Steinzeit solche Gebäude? Zunächst nahm man an, dass es sich um Kultstätten oder Gräber gehandelt haben könnte. Doch die Talayots dienten den Lebenden. Es waren Schutzburgen einer Sippe. Wovor mussten sie sich schützen? Hätte es nicht ein ganz normales Haus aus Stein getan? Nein, nicht bei den Bewohnern der Balearen und auch nicht bei den Bewohnern Sardiniens, die mit ihren Nuraghen fast baugleiche Schutzburgen besaßen.

Sie mussten sich gegen verfeindete Sippen, also gegen ihre eigenen Nachbarn wehren und diese besaßen die gleichen gefährlichen Waffen. Ein Grund, warum es hunderte von Talayot auf Mallorca und tausende von Nuraghen auf Sardinien gab. Das Territorium auf einer Insel ist begrenzt. Landwirtschaft, Weidevieh und auch Frauen und Kinder mussten geschützt werden, wenn die Männer auf Jagd waren oder wenn ein Angriff von Nachbar-Sippen drohte.

Die Waffe war die schon beschriebene Steinschleuder. Ihre Durchschlagkraft war so enorm, dass damit normale Steinhäuser beschädigt und sogar zum Einsturz gebracht werden konnten. Ein Grund, warum die Talayots rund gebaut waren. Bei einem Angriff auf ein rundes Gebäude wird die Kraft eher abgeleitet.

Doch es gibt nicht nur Talayots aus dieser Zeit, auf Mallorca kann man heute auch noch Megalithgräber besichtigen. Die Gräber befinden sich direkt am Meer. Ich kann mir vorstellen, dass man dachte, dass die Verstorbenen über das Meer ins Jenseits kommen.

Die öffentliche Finca Son Real an der Straße von Can Picafort nach Artà kann ich sehr empfehlen. Dort gibt es ein modern gestaltetes

Museum mit vielen Animationen, ein großes Wegesystem in den Dünen, das bis zum Meer hin reicht. Dort, nahe am Meer, gibt es Überreste von Megalithgräbern, die bis zu 4.500 Jahre alt sein können.

Unmittelbar am Meer, befindet sich die Nekropolis, eine Grabanlage mit ca. 100 Gräbern für die Oberschicht aus dem 7. und 6. Jahrhundert vor Christus. Die Gräber liegen heute offen und sind meist rund oder quadratisch in den Felsen gemauert. Die Menschen wurden in Embryonalstellung beigesetzt und ihre Seelen von dort über das Meer auf die Reise ins Jenseits geschickt.

Die Eisenzeit hatte begonnen. Seit ca. 1000 vor Christus trieben die Griechen und die Phönizier im westlichen Mittelmeer regen Handel. Sie hatten Handelsstützpunkte und Siedlungen gegründet, so wie das spätere Marseille oder Barcelona, ob sie auf Mallorca Siedlungen gründeten, ist nicht bekannt. Es gab ja auch nicht viel, womit sie auf Mallorca handeln konnten.

Da Mallorca mitten im westlichen Mittelmeer liegt, liegt es auf jeden Fall auf dem Weg zu den unterschiedlichsten Handelsstützpunkten und wurde schon deshalb für Zwischenstopps genutzt. Vielleicht stammen die kleinen Tonfiguren, die Siurells mit ihrer magischen Wirkung ursprünglich aus dieser Zeit. Dazu schreibe ich später mehr. Siurells könnten bereits in der Bronzezeit auf die Insel gekommen sein.

Die Zeit der Römer auf Mallorca

Im Jahr 123 vor Christus kam die römische Invasion und die Talayot-Kultur war endgültig beendet. Vor der Zeit der Römer gab es auf Mallorca nur kleine Siedlungen der einzelnen Sippen auf der Insel, jetzt wurden Städte gebaut. Die erste Stadt, die die Römer gründeten, war Pollentia, dem heutigen Alcúdia und fast zeitgleich Palmaria, heute Palma. Palma wurde komplett neu, auf damals unbewohntes Gebiet gebaut.

Mallorca veränderte sein Gesicht. Mit den Römern entstanden Landhäuser, Villen und Stadt-Wohnungen. Und die Römer veränderten auch die Essgewohnheiten. Sie brachten Olivenbäume und Weinreben nach Mallorca und auch das Tongeschirr mit seinen Töpfen, Tellern, Krügen und Bechern.

Das mallorquinische Kochgeschirr aus Ton hat sich von damals bis heute kaum verändert und lässt sich sehr gut im Backofen und auf dem Gasherd verwenden. Wir besitzen in unserer Küche eine große Auswahl an Größen und Formen und das Tongeschirr ist bei uns auch im täglichen Einsatz. Wenn wir in unserem Ort Binissalem das Weinfest feiern, kann ich meine Gäste mit einem 30-teiligen traditionellen Tonservice bewirten. Da bin ich nicht allein, das tun alle Bewohner im Ort.

Seit ein paar Jahren gibt es das Tongeschirr auch in modernem Design. Wenn Sie das preiswert in größtmöglicher Auswahl kaufen möchten, dann fahren Sie nach Portol. Dort gibt es gleich mehrere Töpfereien, die die Tonwaren traditionell wie seit Jahrhunderten herstellen und auch modernes farbenfrohes Design anbieten.

Die Küche Mallorcas ist bis heute eine Küche, die von der Landwirtschaft geprägt ist. Auch wenn Mallorca vom Meer umgeben ist, spielten Fische und Meeresfrüchte eher eine untergeordnete Rolle. Die Menschen ernährten sich in der Vergangenheit hauptsächlich was die Felder und Gemüsegärten hergaben und ab und zu gab es Fleisch. Dann wurde auch mal ein Schwein geschlachtet, zum größten Teil zu Wurst verarbeitet, oder es gab auch Huhn oder Kaninchen. Die Zubereitung findet bis heute in den traditionellen Tongefäßen den Greixoneras statt.

So sind die meisten Gerichte in der Mallorquinischen Küche Schmorgerichte. Das hatte auch praktische Gründe. Es wurden die Zutaten verwendet, die der Garten gerade anbot. Das Gericht wurde vorbereitet, kam in eine Greixonera in den Ofen oder auf das Feuer und wenn dann die Familie zusammen kam, wurde das Essen nur noch auf den Tisch gestellt. Noch vor ein paar Generationen hatten die Menschen den ganzen Tag auf dem Feld und dem Hof zu tun und die Großmutter und eine alte Tante saßen in der Küche und beobachteten das Essen auf dem Feuer.

Das Garen in einer Greixonera können wir uns vorstellen, wie das Garen in einem Römertopf (wenn Sie sich noch erinnern). Das entspricht ja auch der Zeit der Römer, wie der Name schon sagt. In einem Tongefäß verteilt sich die Temperatur gleichmäßig, auch die Wände der Greixonera und wird von dort langsam und gleichmäßig abgegeben, also ideal für Schmorgerichte. Deshalb habe ich hier gleich das erste Beispiel für Sie:

Rezept:
Pollo, Huhn in Bier geschmort

Dieses Rezept ist für mich etwas ganz besonderes, da ich es wirklich sehr authentisch genießen durfte. Ich war bei Freunden mit einer großen Landwirtschaft. Damals habe ich dort bei Renovierungs-Arbeiten geholfen. Zur Mittagszeit durfte ich dann mit den Bauern und Erntehelfern zu Mittag essen. Alles war so wie im Film: ein altes Bauernhaus mit einer großen Küche und einem rustikalen Holztisch, Brot, Oliven, Öl und Salz standen auf dem Tisch und dann kamen zwei große Greixoneras auf den rustikalen Holz-Tisch. Es roch köstlich.... Das folgende Rezept ist natürlich nur für 4-6 Personen.

Zutaten:

1 großes Huhn
1-2 Zwiebeln
1 Knoblauchknolle
3-4 Tomaten
1 Liter Bier
5 Lorbeerblätter
Salz, Pfeffer, Paprikapulver

Zubereitung:
Das Huhn zerteilen und auf der Haut anbraten und in die Tonform legen. Die Zwiebeln anrösten und dazugeben. Die Tomaten häuten und würfeln, mit den Lorbeerblättern und der ganzen Knoblauchknolle ebenfalls in den Topf geben. Salzen und Pfeffern und dann mit dem Bier übergießen. Den Backofen nicht zu heiß heizen, so ca. 130 bis 150 °C und das Huhn darin über mehrere Stunden schmoren. Ich kann dazu keine genauen Angaben machen, da ich dieses Gericht sehr häufig zubereite und immer nach Gefühl vorgehe. Da kann man nicht viel falsch machen. Wichtig ist nur, dass das Huhn lange gegart wird. Sollte es von oben zu dunkel werden, dann einfach einen Deckel drauf. Das Praktische ist wirklich, Sie schieben das Huhn ca. mittags in den Backofen und wenn abends die Gäste kommen, ist es so oder so fertig. Dazu passen am besten Kartoffeln und jeder Wein, ganz nach Ihrem Geschmack.

Die Zeit der Mauren auf Mallorca

Was die Römer an kultureller Entwicklung begonnen hatten, setzten die Araber fort. Im Jahr 902 eroberten sie Mallorca und machten zunächst eine Siedlung bei Alcúdia zu ihrer Hauptstadt, dann Palma. Palma hieß jetzt Medina Mayurca. Der schöne Almudaina-Palast, direkt neben der Kathedrale und der Königsgarten sind als historische Zeugnisse in Palma zu besichtigen. Obwohl der Palast erst als römische Burg gebaut, dann von der Arabern vergrößert und später von Mallorcas einzigem König, Jaime II, in die jetzige Form gebracht wurde, so zeigt der Almudaina-Palast einen typisch arabischen Stil.

Die Araber hatten ja schon fast die ganze Iberische Halbinsel besetzt. Das war die Zeit des Islam in Spanien, verbunden mit kulturellem und wissenschaftlichem Fortschritt in Europa. Auch für Mallorca brachte die Zeit der Araber große Fortschritte. An den Hängen der Westküste der Insel wurden Bewässerungs-Systeme gebaut, Terrassen und Gärten angelegt. Es wurden Obstbäume gepflanzt und Mandelbaum-Plantagen angelegt.

Es gibt eine sehr schöne Legende, warum in der Zeit der Mauren so viele Mandelbäume auf Mallorca gepflanzt wurden. Angeblich hatte zu dieser Zeit ein arabischer Herrscher eine schöne Prinzessin aus dem hohen Norden zu seiner Frau gemacht. Doch im Winter war sie sehr unglücklich, ihr fehlte der Schnee. Der Herrscher liebte sie sehr und da hatte er eine Idee: Er ließ 100 000 Mandelbäume pflanzen, die in Winter blühen. Wenn jetzt seine schöne Frau im Januar und Februar aus ihren Fenster sah oder über die Insel fuhr, war die Landschaft weiß. Die Landschaft war weiß von den Blüten der Mandelbäume, als hätte es geschneit. Aus Mandeln wird seit dieser Zeit Mandeleis und der berühmte Mandelkuchen, der Gató zubereitet. Die Rezepte stehen hier im Buch.

Die unzähligen Mandelbäume haben ihren Ursprung tatsächlich in dieser Zeit. Es waren jedoch nicht nur Mandelbäume. Die Araber waren Meister im Gemüse und Obstanbau und ihren Bewässerungssystemen. In der Ebene bauten sie Windmühlen, mit denen Pumpen angetrieben wurden, die das Wasser auf die landwirtschaftlichen Flächen brachten. Die Windmühlen kann man teilweise heute noch sehen, genauso wie die schönen Villen mit ihren traumhaften arabischen Gärten und den Wasserspielen. Besuchen Sie doch mal die Gärten von Raixa oder Alfàbia, beides an der Straße nach Soller.

Bei so vielen Neuerungen in der Landwirtschaft ist es klar, dass sich jetzt auch der Speiseplan der Mallorquiner sehr verändert hat. Sehr viele Köstlichkeiten sind aus der Zeit der Araber geblieben, wie die sehr aromatischen Mandeln und Rosinen in deftigen Fleisch und Gemüse-Gerichten u.v.m..Da haben wir zum Beispiel die typischen Empanadas.

Rezept:
Empanadas, gefüllte Teigtaschen

Empanadas gibt es in den unterschiedlichsten Varianten auf der ganzen Welt. Empanadas sind gefüllte Teigtaschen, sehr praktisch für unterwegs, weil sie gut aus der Hand zu essen sind. Ursprünglich gedacht für Bauern auf dem Feld oder für Hirten, die mit ihren Tieren unterwegs waren. Ihre Füllungen bestanden immer aus dem was da war, also hauptsächlich Gemüse und hin und wieder Fleisch. Empanadas wurden auch in der Osterwoche gegessen, da gibt es allerdings hauptsächlich eine süße Variante mit Kürbis-Marmelade.

Auf Mallorca enthält die Füllung sehr oft Rosinen, manchmal auch Pinienkerne, auch in deftigen Varianten. Das ist ein klares Zeichen dafür, dass die Empanadas tatsächlich auf die Zeit der Araber zurückgehen. Auch der Teig selbst enthält oft schon etwas Süße. Das kann Orangensaft sein oder Zucker, früher gab es natürlich nur Honig zum süßen. Es gibt die unterschiedlichsten Füllungen. Die klassische Empanada ist mit Lamm und Erbsen gefüllt.

Der Teig:
500 gr. Mehl
3 Eßl. Zucker
160 ml Olivenöl (Im Original wird Schweineschmalz verwendet)
130 ml Wasser
1 Prise Salz

Alle Zutaten vermischen und so lange kneten bis ein homogener Teig entstanden ist, zu einer Kugel formen und mindestens eine halbe Stunde ruhen lassen. Damit der Teig nicht an den Händen haftet, am besten einölen. Lassen Sie dem Mehl grundsätzlich Zeit zur Entfaltung. Erst dann hält es den Teig zusammen und fällt nicht auseinander. Wenn Ihnen der Teig sehr fett vorkommt, dann ist das gut so, sie werden es später genießen.

Für die Füllung mit Lamm:

500 gr. mageres Lammfleisch
50 gr. Sobrassada (inseltypische Schweinemettwurst mit Paprika)
1 Tasse voll Erbsen (tiefgekühlt)
Salz und Pfeffer

Aus dem Teig werden eine Art Schale oder Körbchen geformt. Die Zutaten werden vermischt und roh in die eben geformten Teigschalen gegeben. Auf das Teigschälchen gibt man dann einen Deckel aus Teig und verbindet den Rand durch ein Drehen der Kanten (siehe oben). Jetzt kommen die Empanadas bei ca 100 °C für 2 Stunden in den Backofen, damit das Lamm in Ruhe garen kann.

Für die Füllung mit Gemüse, hier heißen die Teigteilchen Cocarrois:

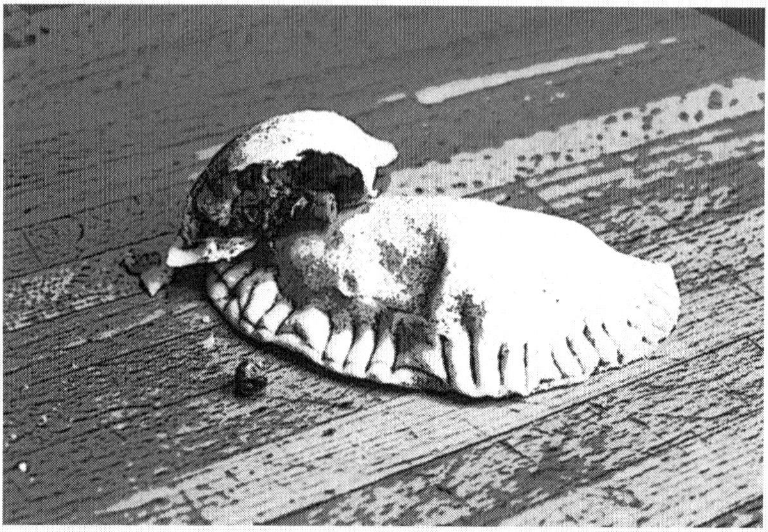

Es kann jedes Gemüse genommen werden, je nach Saison. Ich mag die Teigtaschen mit Mangold (frische Erbsen passen auch super). Mangold blanchieren, 1-2 Zwiebeln schneiden und anrösten, mit Salz und Pfeffer abschmecken und ein paar Rosinen und Pinienkerne darunter mischen. Die Füllung ebenfalls in die Teigtaschen füllen und bei 150°C eine Stunde backen.

Für die süße Füllung mit Kürbis-Marmelade, dann heißen sie Robiols:

Der Teig bleibt immer gleich. Die Kürbis-Marmelade ist sehr einfach herzustellen: Auf 2 kg Kürbis kommen 1,5 kg Zucker und die Schale einer Orange. Den Kürbis ohne Schale in große Stücke schneiden, mit dem Zucker vermischen und über Nacht stehen lassen. Am nächsten Tag unter Rühren erhitzen und ca. 30 Minuten köcheln lassen. Jetzt nur noch in Gläser füllen, schon fertig. Diese Marmelade heißt Cabell d'àngel, das bedeutet übersetzt Engelshaar.

Diese Teigtaschen werden jetzt etwas anders geformt: Wir stechen einen Kreis mit ca 15 cm Durchmesser aus, geben einen gehäuften Esslöffel Kürbismarmelade darauf und klappen ihn zu einem Halbkreis zusammen. Den Rand drücken wir mit den Zacken einer Gabel so fest, dass nichts auslaufen kann. Gebacken wird ca. 1 Stunde bei 125°C. Nach dem Auskühlen mit Puderzucker bestäuben.

Der König von Mallorca

Jaime II de Mallorca

Im Jahr 711 waren die Araber aus dem Süden, über die Straße von Gibraltar gekommen. Sie breiteten sich über die Iberische Halbinsel aus, bis hoch in den Norden. Von Galizien aus startete die Reconquista, die Rückeroberung, die über 700 Jahre lang bis ins Jahr 1492 dauerte.

So kam 1229 Jaime I., König v. Aragon und eroberte Mallorca zurück. In vielen Büchern und Reiseführern steht immer noch, er habe die Insel von den „Ungläubigen" befreit. Ich kann diesen Satz in der heutigen Zeit kaum verstehen. Die Araber waren andersgläubig, auf keinen Fall ungläubig!

Kurz darauf, im Jahr 1276 wurde Jaime II. König von Mallorca. Der einzige König von Mallorca jemals. Der Schlagersänger Jürgen Drews ist übrigens nicht König von Mallorca, auch wenn Sie jetzt enttäuscht sind. Jaime III, ein Neffe des Königs Jaime II versuchte noch, die Insel gegen die Krone von Aragon zu verteidigen, starb aber in einer Schlacht bei Llucmayor.

So wurde Mallorca nach kurzer Zeit der Eigenständigkeit, nämlich 1349 wieder Provinz und damit Teil von Aragon.

Seit dieser Zeit, also seit bald 700 Jahren wird die Insel vom Festland regiert. Nein, nicht ganz, denn seit 1983 sind die Balearen eine autonome Region mit einem hohen Maß an Selbstbestimmung, aber immer im Rahmen der spanischen Verfassung.

Piraten-Überfälle

Es folgten wechselnde Herrscher, die Bevölkerung musste hohe Abgaben zahlen und immer wieder wurde Mallorca von Piraten überfallen, die vorwiegend aus Nordafrika kamen. Den Bewohnern Nordafrikas war nach der Rückeroberung der spanischen Halbinsel der Handel verwehrt, also bedienten sie sich selbst. Geraubt wurden nicht nur Waren und Lebensmittel, geraubt wurden auch Menschen, die als Sklaven weiterverkauft wurden.

An die Piratenüberfälle erinnern zwei große Feste, die auf Mallorca gefeiert werden. Das eine findet in Pollenca statt. Erinnert wird dabei an einen Piratenüberfall im Jahr 1550. Und das zweite große Fest findet Mitte Mai in Port de Sóller statt und erinnert an einen Piratenüberfall im Jahr 1561. Damals kam eine Flotte von 23 Schiffen aus Algier. Die bis zu 1.800 Piraten besetzten den Hafen von Soller und die Umgebung. Mit Hilfe der Bewohner aus Santa Maria, Bunyola und Alaró konnten die Piraten schließlich in die Flucht geschlagen werden.

Zur Erinnerung an diese Überfälle werden heute Feste gefeiert. Dabei kämpfen immer die Mauren gegen die Christen. Die eine Hälfte der jungen Männer kommt in arabischen Pluderhosen mit Kopfschmuck und dunkler Farbe auf der Haut und die andere Hälfte mit weißen Hemden zur nachgestellten Schlacht an den Strand von Port de Sóller. An den Häusern hängen Flaggen. Rot mit Halbmond für die nordafrikanischen Piraten und weiß mit rotem Kreuz für die Christen. Dann findet unter lautem Getöse die Schlacht statt. Am Ende gewinnen die Christen, natürlich.

Aus dieser Zeit stammen auch die Wehr- und Aussichtstürme, die rund um die Insel an der Küste stehen. Große, massive Steintürme, von denen man weit über das Meer schauen konnte und schon sehr früh die angreifenden Piraten sehen konnte. Wenn sich ein Piratenschiff der Insel näherte, machten die wachhabenden Soldaten ein Feuer mit viel Rauch, das vom benachbarten Turm gut zu sehen war. Dieser gab das Rauchzeichen weiter an den nächsten usw. bis die Soldaten in Palma informiert waren. Das soll vom entferntesten Turm auf Mallorca in nur knapp einer Stunde funktioniert haben. Die Frage war dann nur, wie lange die Soldaten brauchten, bis sie vor Ort waren. Die angreifenden Piraten werden ja auch noch etwas Zeit gebraucht haben. Mit der Kolonialisierung Algeriens durch Frankreich 1830 kehrte Ruhe ein.

So ist es auch nur verständlich, dass die Mallorquiner die Küste gemieden haben. Vom Meer kam nichts Gutes. Anders als heute, wo es die Menschen, vor allem die Ferienhausbesitzer an die Küste zieht. Alle Städte und Dörfer lagen ein paar Kilometer von der Küste entfernt, mit Ausnahme von Palma, der Hauptstadt. Dafür hatte Palma auch eine dicke Stadtmauer und Soldaten stationiert.

Das ist der Grund, warum es alle älteren Städte „doppelt" gibt: Pollenca - Port de Pollenca, Alcudia - Port de Alcudia, Andratx - Port Andratx, usw. Die Menschen waren damals einfach nicht sicher an der Küste. Und dann kann ein Winter an der Küste auch sehr ungemütlich sein. Der Wind bringt salzige Luft und wo sich Salz absetzt, dort bildet sich Feuchtigkeit. Also lebten die Mallorquiner in der Regel nicht an der Küste. Unmittelbar an der Küste hatten nur die Fischer kleine Hütten für ihre Boote.

Rezept: Sopa de Peix, die mallorquinische Fischsuppe

Obwohl der Speiseplan Mallorcas eher an der Landwirtschaft als am Fischfang orientiert ist, gibt es, zumindest in Küstennähe auch Fischgerichte. Von ganz besonderer Qualität sind die Garnelen von Soller, doch um die geht es heute nicht, ich möchte eine Fischsuppe vorstellen.

Ähnlich wie die berühmte Bouillabaisse aus Marseille werden dafür die unterschiedlichsten Fische verwendet. Ich kann mir vorstellen, dass auch der Ursprung gleich ist: Fische, die bis zum Abend nicht verkauft wurden, mussten verbraucht werden, denn es gab früher keine Kühlung und da im Sommer selbst die Nächte warm sind, konnte ein Fisch am nächsten Tag nicht mehr in der Küche verwendet werden.

Zutaten der Fischsuppe:

ca. 1 kg verschiedene Mittelmeerfische und Schalentiere
2 Liter Wasser
2 Zwiebeln
4-5 Knoblauchzehen

2 große Tomaten
Olivenöl
2-3 Lorbeerblätter
etwas Fenchelkraut oder Fenchelsamen
ein paar Safranfäden
Salz und Pfeffer
1 Bund Petersilie
1 unbehandelte Zitrone
altes geröstetes Brot
Aioli (Knoblauch-Mayonnaise, Rezept hier im Buch)

Zubereitung:

Zwiebeln klein schneiden und in Olivenöl anrösten. Die Knoblauchzehen nur andrücken und zusammen mit den enthäuteten und gewürfelten Tomaten dazu geben. Ein wenig schmoren lassen und dabei mit Safran, Lorbeerblättern, Salz und Pfeffer und Fenchelkraut würzen. Die Zitrone mit Schale in Scheiben schneiden und dazugeben. Wenn Sie kein Fenchelkraut haben oder bekommen können, dann nehmen sie einfach einen Beutel Fencheltee, lassen sie ihn mit kochen und nehmen ihn vor dem Servieren wieder raus.

Jetzt gießen sie das Wasser auf und geben die Fische und Schalentiere zuerteilt in den Topf und lassen die Suppe nicht mehr kochen, nur noch knapp unter 100 °C ziehen. Nach ca. 30-45 Minuten ist die Fischsuppe fertig.

Den Fisch und die Schalentiere nehmen Sie mit einem Schaumlöffel aus dem Topf und stellen sie auf einen separaten Teller warm. In einen anderen tiefen Teller legen Sie das geröstete Brot und übergießen es mit Olivenöl, dann gießen Sie die Suppe auf das Brot. Die kleingehackte Petersilie darüber verteilen und fertig ist die Fischsuppe. Den Fisch und die Schalentiere essen sie am besten extra mit viel Aioli, dazu passen Kartoffeln oder auch einfach nur Brot. Das die Fische extra liegen und nicht mehr in der Suppe sind, hat den Vorteil, dass sie besser die Gräten und Schalen entfernen können, was in der Suppe nur sehr schwierig wäre.

Mallorcas Reichtum im 19. Jht.

Mitte des 19. Jahrhunderts wurde Mallorca durch ein starkes Wirtschaftswachstum reich. Das Handwerk boomte. Bis zum Ende des 19. Jahrhunderts gab es gutgehende Werften und eine florierende Lederwaren-Herstellung, die sich zur Lederwaren-Industrie entwickelte. Denn schon sehr früh wurde auf Mallorca Elektrizität genutzt. Selten aus Wasserkraft produziert, das kann man noch im Finca-Museum Sa Granja bei Esporles sehen. Meist wurde der Strom in kleinen Kohlekraftwerken hergestellt. Die Kohle dafür wurde ebenfalls auf Mallorca abgebaut wurde.

Auf dem Autokreisel am Ortseingang von Lloseta stehen Loren, zu Erinnerung an den Bergbau in dieser Region. Ich kann mir vorstellen, dass das auch der Grund war, warum sich die Lederindustrie in Inca, Lloseta und Binissalem ansiedelte. Das sind die Orte an denen Kohle abgebaut wurde.

Auf Mallorca wurde so viel produziert, dass die Waren auch für den Export bestimmt waren. Auch landwirtschaftliche Produkte, wie Olivenöl, Wein, Orangen und die mallorquinischen schwarzen

Schweine wurden damals schon exportiert. Da das Straßennetz noch eher ein holpriges Wegenetz war und auch der Transport mit den Eselskarren eher mühsam, wurde schon 1875 ein Eisenbahnnetz gebaut.

Einige von Ihnen werden den „Roten Blitz", die Bahn nach Sóller kennen. Doch die meine ich nicht, ich meine das Schienennetz, das bis in alle Ecken der Insel führte. Damals gab es eine Linie von Palma nach Inca und weiter bis Sa Pobla und Manacor, so wie heute wieder. Heute allerdings ganz modern und elektrisch, wie die S-Bahnen in Deutschland. Aber damals fuhren sie auch weiter nach Artà, von Consell nach Alaró, von Santa Maria nach Felanitx und von Palma nach Santanyi. Und ab 1905 dann auch der „roten Blitz" nach Soller und weiter nach Port de Sóller, der ebenfalls heute noch in Betrieb ist. Immer noch die alten Holz-Wagen und eher von Touristen, als von den Bewohnern genutzt.

Es gab sogar einen Stadt-Tunnel in Palma, vom Bahnhof am Plaça España bis zum Hafen. Die Waren von der ganzen Insel mussten für den Export ja bis zum Hafen. Vom Hafen in Palma zum spanischen Festland gab es bereits ab 1837 einen Raddampfer, welche die Exportgüter von der Insel brachte.

Um 1900 gab es zunächst herbe Rückschläge. Die Reblaus vernichtete die Weinreben und Schädlinge an den Orangen machten die Orangenernte kaputt. Die Ernteausfälle waren so dramatisch, dass einige Mallorquiner in ihrer Not auswanderten. Besonders im Zentrum des Orangenanbaus, im Tal von Soller. Zu Wohlstand gekommene Emigranten kehren häufig schon nach kurzer Zeit zurück, so auch auf Mallorca und das kann man heute noch an den Gebäuden in Sóller sehen. Einige waren in die Karibik ausgewandert, so finden wir in Sóller Gebäude im Kolonialstil, aber vor allem Gebäude des Jugendstils. Sóller ist die Stadt, mit den meisten Jugendstil-Gebäuden auf Mallorca.

Rezept: Porcella, gebratenes Spanferkel

Die schwarzen Schweine gibt es heute noch auf Mallorca. Das sind keine Wild-Schweine, es handelt sich dabei um eine alte mallorquinische Rasse, die hochbeinig und schlank ist und sich vorwiegend von Eicheln, Feigen und den Schoten des Johannesbrot-Baums ernähren. Sie leben in eingezäunten Wäldern und sind somit im Wald lebende Hausschweine. Schweine wurden auf Mallorca wohl schon immer gegessen, denn es gibt Knochenfunde von Schweinen in Höhlen, in denen Menschen lebten. Aus der Römerzeit gibt es ein Rezept, das sich liest wie ein Rezept von heute, denn so wird immer noch Schwein auf Mallorca zubereitet. Ich empfehle wirklich mal das schwarze Schwein (porc negre mallorquí) zu besorgen. Das Fleisch schmeckt nicht nur angenehmer, es soll auch wesentlich gesünder sein, sogar das Fett. Ich vermute, das hat auch mit der natürlichen Haltung und der Ernährung der Tiere zu tun.

Zutaten:

Die Keule eines Spanferkels, es kann auch die Schulter oder eine Hälfte sein
Rosmarinzweige

Kartoffeln
Zwiebeln
getrocknete Feigen
1 Zitrone
Salz und Pfeffer

Für die Marinade:
Saft einer Zitrone
5 Eßl. Honig
5 Knoblauchzehen
1 Schnapsglas Hierbas (Kräuterlikör)
(alternativ Weinbrand)

Zubereitung:
Für die Marinade den Knoblauch zerstoßen und alle Zutaten gut vermischen. (Der Honig wird flüssiger, wenn er etwas erwärmt wird.) Die Schwarte des Schweins einschneiden und rundherum in einer Pfanne anbraten. Jetzt auf ein Backblech legen oder in eine große flache Greixonera (Tonform) und mit der Marinade einstreichen. Den Ofen auf 200 °C vorheizen, das Schwein hinein schieben und nach 20 Minuten die Temperatur auf 120°C runter schalten. Jetzt kann das Schwein den ganzen Tag im Ofen verbringen. (Oder mindestens einen halben Tag). Dabei immer wieder mit der Marinade einpinseln und darauf achten, dass es nicht zu dunkel wird. Der Garvorgang funktioniert auch noch bei 100°C.

Ca. 2 Std vor dem Servieren die Kartoffel und die klein geschnittenen Feigen zu dem Schwein aufs Blech geben. Sie merken, die Angaben sind wenig genau, weil sie hier mit Gefühl vorgehen müssen, damit die Kruste nicht zu dunkel und das Schwein innen gar und trotzdem zart bleibt. Ich wünsche dazu ein gutes Gelingen.

Rezept: Fingerfood mit Sobrassada

Wenn eins der schwarzen Schweine geschlachtet wird, wird wie früher das ganze Tier verarbeitet. Wenn auf Mallorca auf dem Land geschlachtet wird, wird natürlich auch Wurst gemacht. Ganz berühmt ist hier die Sobrassada. Das ist eine Schweinemettwurst mit sehr viel Paprika. Die Sobrassada kann man einfach auf das Brot, das Pamboli streichen, kann aber auch viele andere Köstlichkeiten kreieren. Achten Sie auf die Qualität, Sobrassada gibt es von Industriewurst bis zu der Sobrassada ihres Dorf-Metzgers, der sie selbst macht. Und es gibt Sobrassada immer in einer milden und einer scharfen Variante, die man an einer hellen oder roten Kordel erkennt. Ich habe die Sobrassada als Fingerfood entdeckt:

Sobrassada-Lollies:

Formen Sie aus der Sobrassada kleine Kügelchen in der Größe eines Lollies. Diese spießen Sie auf ein Schaschlik-Holzspieß und tauchen sie erst in etwas flüssigen Honig, dann in einen Bier-Teig aus Ei, Mehl und etwas Bier und halten den Spieß so lange in heißes Öl, bis der Teig außen herum eine knusprig braune Farbe hat. Anschließend zum Abtropfen auf ein Küchentuch legen. Dieser Lollie schmeckt auch kalt super und ist ein dekoratives Fingerfood, wenn Sie abends Gäste erwarten.

Blätterteig-Gebäck mit Sobrassada

Eine weitere köstliche Kleinigkeit zum Knabbern sind Blätterteig-Stückchen mit Sobrassada. Dafür nehme ich tiefgekühlten Blätterteig, streiche dünn Sobrassada darauf und rolle ihn in der gleichen Methode wie für die süßen „Schweineohren". Alternativ können sie auch Stangen schneiden oder kleine gefüllte Blätterteig-Taschen formen. Jetzt nur noch nach Anleitung der Blätterteig-Verpackung backen und schon ist das pikante Knabbergebäck fertig.

200 Jahre Tourismus auf Mallorca

Erste Touristen kamen schon zu Beginn des 19. Jahrhunderts nach Mallorca. Erst mit Segelbooten, ab Mitte des 19. Jahrhunderts mit einem Dampfschiff. Das waren allerdings keine reinen Passagierschiffe. Sie fuhren vor allem für Fracht, nahmen aber natürlich auch Passagiere mit.

Touristen, also Menschen, die zur Erholung nach Mallorca kamen, waren die Ausnahme. Das Reisen war nur etwas für sehr vermögende Menschen. Unter ihnen waren auch Abenteurer und Künstler, Leute, die ihrem Alltag, vielleicht auch dem kalten Winter im Norden entfliehen wollten. Die berühmtesten waren sicher Frédéric Chopin mit seiner Lebensgefährtin George Sand.

Frédéric Chopin und George Sand

Frédéric Chopin und George Sand kamen im November 1838, um dem nasskalten Paris zu entfliehen und den Winter im sonnigen Süden zu verbringen. Der Schriftstellerin George Sand ist es zu verdanken, dass wir einen detaillierten Einblick in das Leben der damaligen Zeit bekommen. George Sand hat das Buch „Ein Winter auf Mallorca“ geschrieben. Sie beschreibt keinen Aufenthalt, wie sie sich ihn vorgestellt hatten. An der windigen Nordwestküste war es kalt und ungemütlich. Die Mallorquiner waren auch nicht begeistern von den Promis der damaligen Zeit, was auch nicht besonders verwunderlich war.

Da kam ein Paar aus Paris, sie waren unverheiratet, sie trug Hosen und rauchte Zigarren, hatte zwei uneheliche Kinder dabei und der Komponist litt an Schwindsucht und hustete Blut. Und in die Kirche gingen sie auch nicht. Im Gegenzug beschreibt George Sand die Mallorquiner als ungehobeltes Volk, nach Knoblauch riechend und unfreundlich. Sie mochten sich gegenseitig nicht.

Chopin komponierte, wenn es ihm einigermaßen gut ging und auch, wenn es ihm nicht gut ging und nachdem mehrere Schiffe wegen des schlechten Wetters nicht auslaufen konnten, waren sie froh, nach dreieinhalb Monaten wieder nach Barcelona und von dort nach Paris zu reisen. Das Buch ist super geschrieben und ist ein fantastisches Zeitzeugnis. Es gibt einen ganz besonderen Einblick in den Alltag auf Mallorca.

Die Mallorquiner haben sich inzwischen mit diesen besonderen Touristen versöhnt und streiten sogar, in welchen Räumen der Kartause von Valldemossa sie gewohnt haben. Jeder beansprucht für sich, die berühmten Gäste beherbergt zu haben. Jeden Sommer gibt es Chopin-Konzerte und jede Menge Souvenirs und jetzt sind die beiden Künstler aus Valldemossa nicht mehr wegzudenken. Frédéric Chopin und George Sand waren damals nicht die einzigen Touristen, aber vielleicht die berühmtesten zu dieser Zeit.

Tourismus ab Anfang des 20. Jahrhunderts

Immer mehr Menschen kamen. Im Jahr 1901 wurde in Palma das Gran Hotel im Jugendstil eröffnet. Nur 4 Jahre später, im Jahr 1905 wurde der mallorquinische Fremdenverkehrsverband gegründet. 1916 eröffnet der erste Flughafen Son Bonet und auch damals kamen schon erste Touristen mit dem Flugzeug. Tourismus war immer noch etwas sehr exklusives.

Das berühmte Hotel Formentor auf der Halbinsel Formentor, ganz im Norden Mallorcas, eröffnete bereits 1929 und ist jetzt schon fast 100 Jahre alt. Das Hotel liegt abgeschieden, von einem traumhaften Garten umgeben und einem Kiefernwald, der bis zum Strand reicht und damit Schatten spendet. Früher ein Platz für Prominente, die in Ruhe ihren Urlaub genießen wollten.

Winston Churchill hat hier gemalt und geschrieben, Fürst Rainier hat mit seiner Frau Grace Kelly einen Teil ihrer Flitterwochen verbracht und Helmut Schmidt und Charlie Chaplin haben sich hier erholt. Die Liste der Hollywood-Stars und der Politiker ist lang: Errol Flynn, John Wayne, Ava Gardner, Gary Cooper, Rita Hayworth, Audrey Hepburn, Anthony Quinn, Sean Connery, Helmut Kohl, Michail Gorbatschow, Andrew Lloyd-Webber und Elizabeth Taylor. Nicht zu vergessen der geniale Sir Peter Ustinov, der immer wenn es ihm möglich war, Zeit auf Mallorca verbrachte.

Mallorca und der Massen-Tourismus

Der Startschuss für den Massentourismus war 1960 der Bau des Flughafens Son San Juan. Während sich die meisten Familien in ihre Autos setzten und über die Alpenpässe fuhren, kamen jetzt immer mehr Touristen bequem mit dem Flugzeug. Gleichzeitig wurde das Reisen erschwinglich. In den 1970er Jahren wurde Mallorca die „Putzfrauen-Insel" genannt, weil ein Urlaub auf Mallorca so preiswert wurde, dass sich das jeder leisten konnte. Dieser unschöne Namen hat sich bei vielen Deutschen bis heute eingeprägt. Insider wussten allerdings schon immer, dass Mallorca ganz andere Seiten hatte. Mallorca hat nicht nur Betten-Burgen an langen Sandstränden. Dazu später...

Sauf-Tourismus bis zum Umfallen

Anfang der 1990er Jahre entdeckten auch die Partymacher die Vorzüge der Insel. Das Reisen war extrem preiswert. Der Flug von Deutschland nach Mallorca dauert nur ca. 2 Stunden und für die Billig-Touristen dauert die Fahrt vom Flughafen an die Playa de Palma nur wenige Minuten.

1997 wurde der Flughafen Son San Juan umgebaut und mit der Zeit zu einem der größten Flughäfen in Europa, was das Passagieraufkommen betrifft. Mallorca wurde der Inbegriff von „Party machen". Für die Party-Touristen wurde Mallorca zum 17. Bundesland von Deutschland. Aus Mallorca wurde für sie „Malle" und aus der ursprünglichen Strandbude „Balneario 6" wurde der „Ballermann". Es gab sogar Tagestouristen, die morgens mit dem ersten Flieger nach Mallorca kamen und abends mit dem letzten wieder zurückflogen.

Obwohl die Deutschen am Ballermann in Arenal unter sich blieben und die britischen Sauftouristen für sich das Gleiche in Magaluf beanspruchten, so fielen sie mit der Zeit immer unangenehmer auf. Um den stark alkoholisierten Urlaubern möglichst aus dem Weg zu gehen, vermieden wir immer, die ganz frühen oder ganz späten Flugzeuge zu nehmen, wenn wir nach Deutschland oder zurück auf die Insel flogen.

Die stark alkoholisierten Partytouristen verteilten sich zum Glück nicht über die Insel, sie pendelten vom Flughafen angekommen, eher zwischen Unterkunft, Strand und ihrer Partyszene. Ein Problem ist es allerdings für die Anwohner. In Arenal stehen nicht nur Hotels, dort wohnen auch Menschen, die morgens zu Arbeit fahren müssen oder ihre Kinder in die Schule bringen. Da ist es nicht angenehm, sich den Weg durch die Hinterlassenschaften der Sauftouristen zu bahnen. Ganz zu schweigen von der fehlenden Nachtruhe.

Also wurden dort nach und nach neue Regeln eingeführt. Als erstes durfte am Strand nicht mehr aus Eimern getrunken werden. Dann durfte nach 22 Uhr draußen keine Musik mehr gemacht werden, darauf wurde eine Halle zum Feiern gebaut, der Mega-Park. Dann wurde das Alkoholtrinken am Strand verboten und seit April 2019 ist das Alkoholtrinken nur noch in der Gastronomie und nicht mehr auf der Straße erlaubt.

Nach und nach verändert sich der Tourismus an der Playa de Palma und Arenal. Die Hotels werden etwas anspruchsvoller, so dass sich dort auch wieder Familien und Paare wohlfühlen, die den schönen Strand und die Nähe zu Palma schätzen. Es werden immer noch Partys gefeiert, es gibt ja auch Touristen, die sich mit Musik, Tanz und normalem Alkoholkonsum amüsieren möchten. Das kann auch gerne so bleiben, wenn sich die Ausmaße des Sauf-Tourismus der letzten Jahrzehnte nicht mehr wiederholen.

Der Umgang mit dem Covid-19 Virus wird sowieso das Verhalten der Touristen ändern. Vielleicht eine Chance für eine neue Qualität von Urlaub und hoffentlich einen respektvolleren Umgang mit Mensch und Natur.

Benimm-Regeln in Palma

Leider ließ im Laufe der Zeit auch das Benehmen vieler Touristen nach. Immer öfter sahen wir Touristen mit freiem Oberkörper oder in Badebekleidung in der schönen historischen Altstadt von Palma. Bereits im Jahr 2014 beschloss die Stadt Palma schärfere Benimm-regeln, was Ruhestörung und Bade-Bekleidung in der Stadt betrifft. 80 € kostet es, wenn Sie ohne Hemd oder im Bikini-Oberteil durch Palma gehen. Und das ist auch gut so.

Ich habe selbst eine amüsante Geschichte erlebt. Das was sicher schon vor ca. 15 Jahren. Wir hatten Besuch und wollten uns gemeinsam die wundervolle Kathedrale von Palma ansehen. Wir standen in einer Schlange um ein Ticket für den Eintritt zu kaufen. Vor uns ein kräftiger Mann mit freiem Oberkörper und nicht mehr ganz frisch riechend. Wir hielten etwas Abstand und ich war entrüstet, als ihm und seiner Frau eine Eintrittskarte verkauft wurde. In eine Kirche, mit freiem Oberkörper!!! Die Quittung für sein Benehmen bekam er am Einlass. Dort wurde ihm eine Truhe geöffnet, voll mit verschiedenen Altkleidern. Dort konnte er sich jetzt etwas aussuchen, um es für den Besuch der Kirche anzuziehen.

Er beschwerte sich laut, am Ende nahm er sich eins der unappetitlichen Hemden aus der Truhe. Schließlich hatte er die Wahl, er hätte ja auch wieder gehen können.

Heute ist das nicht mehr möglich, heute kann man so nicht mehr durch Palma gehen, was ich persönlich auch nur richtig finde. Das gilt für alle Kirchen im Mittelmeerraum: Nicht schulterfrei und nicht in kurzen Hosen, das gilt für Männer wie Frauen gleichermaßen. Frauen im Trägerhemd oder Trägerkleid empfehle ich sowieso immer ein dünnes Tuch in der Handtasche dabei zu haben. Das kann einmal in einer Kirche sehr nützlich sein, hilft aber auch gegen die Sonne im Nacken, auf den Schultern oder auch mal auf dem Kopf.

Ich habe immer ein dünnes großes Tuch dabei und benutze es gegen Sonne, gegen Kälte oder gegen Wind. Männer im Trägerhemd sehen sowieso scheußlich aus und es gibt wunderbare Sommermode aus sehr dünnen und atmungsaktiven Materialien, die dazu noch sehr gut aussehen.

Benimm-Regeln in Restaurants

In Spanien, genauso wie in den meisten Regionen des Mittelmeerraums gibt es Regeln für einen Restaurantbesuch, die viele Deutsche einfach nicht kennen. Deshalb möchte ich Sie an dieser Stelle einfach mal informieren. So hinterlassen Sie einen freundlicheren Eindruck. Diese Regeln gelten vielleicht nicht für reine Touristenlokale, denn dort haben sich die Wirte längst an die Sitten der Nordeuropäer gewöhnt.

Die erste Regel, bitte steuern Sie nicht einfach auf einen Tisch zu und bitte schieben Sie auch keine Tische zusammen. Das ist in ganz Südeuropa ein no-go. Sie kommen zu dem Restaurant, bleiben am Eingang oder am Rand des Restaurants stehen und suchen den Blickkontakt zu einem Kellner. Vielleicht werden Sie auch schon in Empfang genommen. Sie begrüßen sich und der Kellner sieht auch, ob er 2 Tische zusammenschieben muss. Sie warten so lange, bis sie Ihren Tisch zugewiesen bekommen. Natürlich können Sie dabei auch einen Wunschplatz äußern. Ich finde es auch sehr höflich, sich zunächst zu begrüßen und als Gast an den Tisch gebeten zu werden.

Im Süden setzt man sich nie zu fremden Menschen an den Tisch, das wäre ein Eindringen in die Privatsphäre. Nach dem Essen bleibt man nicht unnötig lange am Tisch sitzen. Wenn sie noch etwas trinken möchten, wechseln Sie in eine Bar. Restaurants haben am Abend in der Regel den Tisch mehrmals besetzt. Deutsche essen früh, Spanier sehr spät, dann passt das schon.

Beim Bezahlen bekommen alle Gäste an einem Tisch gemeinsam eine Rechnung. Ob ein Gast alle anderen einlädt, ob man einfach teilt oder ob jeder seinen Anteil zahlt, bleibt den Gästen überlassen. Der Kellner kassiert einfach den gesamten Betrag. Und das Trinkgeld nicht vergessen.

Qualitäts-Tourismus auf Mallorca

Insider wussten schon immer, dass die Insel mehr zu bieten hat als große Hotelanlagen an langen Sandstränden und Partys am Ballermann. In den letzten Jahren wuchs der Qualitätstourismus. Immer mehr Touristen kommen zum Wandern, zum Radfahren oder auch zum Golfen und es finden Seminare für Yoga und Koch- und Malkurse statt. Das hat auch den Vorteil, dass sich die Touristen über das ganze Jahr verteilen und nicht nur in der Sommersaison kommen.

Sie können in Finca-Hotels auf dem Land oder in den Bergen übernachten, es gibt sehr schöne private Übernachtungsmöglichkeiten und in Palma öffnen immer mehr kleine Boutiquehotels. Und überall bekommen sie fantastisches Essen. Mallorca bietet alles was die einheimische und internationale Küche hergibt. Einheimische Köche wie Santi Taura aus Lloseta kochen auf dem offenen Feuer in ihrem Dorf und bieten gleichzeitig gehobene Gourmetküche in der Inselhauptstadt Palma.

Rezept:
Eine kleine Vorspeise von Santi Taura

Dieses Rezept ist einfach nachzumachen, ein Kompliment Ihrer Gäste ist Ihnen damit sicher.

Zutaten:
200 gr. frischer Seefisch, der sich zum Rohessen eignet
2 Knoblauchzehen
1 Prise Salz
1 Eigelb
etwas Zitronensaft
Sonnenblumenöl
2 Tomaten
kleine Mürbeteig-Förmchen (gibt es fertig zu kaufen)
kleine essbare Blüten (je nach Saison: Bärlauch, Borretsch, Holunder, Jasmin, Lavendel, Pimpernelle, Rucola, Schnittlauch, Thymian u.v.m.)

Die Zubereitung:
Den frischen Fisch putzen, entgräten und in kleine Würfel schneiden. Die beiden Knoblauchzehen mit einer Prise Salz im

Mörser zerstoßen. Den gewürfelten Fisch dazugeben und gemeinsam mit dem Knoblauch zerstoßen. Ein Eigelb, etwas Zitronensaft und dann nach und nach so viel Öl dazugeben, bis eine feste Masse entsteht.

Die beiden Tomaten häuten, in Scheiben schneiden, salzen und auf den Grill oder in den Backofen mit Oberhitze geben. Dann auskühlen lassen. Die Fischmasse in kleine Mürbeteig-Förmchen geben, eine Tomatenscheibe darauf legen und mit essbaren Blüten dekorieren.

Eine Anmerkung von mir: Ich habe das Rezept nicht im Mörser, sondern mit dem Stabmixer ausprobiert. Das hat auch sehr gut funktioniert.

Mallorquiner unter sich

Es ist verständlich, dass die Mallorquiner nicht nur von ihrer Inselsituation, sondern auch von der Geschichte geprägt sind. Sie wurden in ihrer langen Geschichte die meiste Zeit von Herrschern regiert und fremdbestimmt, die von außen kamen. Selbst jetzt, in einer Zeit, in der sie weitgehende Autonomie-Rechte haben, sind alle Entscheidungen immer noch der zentralen Regierung in Madrid unterstellt.

So haben die Mallorquiner ihren ganz eigenen Stolz entwickelt. Sie sind stolz auf ihre Kultur, ihre Bräuche und auch ihre Sprache. Zur Sprache komme ich gleich. Wenn ich hier die typischen Mallorquiner beschreibe, dann ist das eine Verallgemeinerung, die natürlich nicht auf alle Bewohner Mallorcas zutrifft. Wie überall sind die Menschen verschieden und es gibt überall die unterschiedlichsten Charaktere. Trotzdem habe ich meine persönlichen Beobachtungen gemacht, von denen ich hier schreibe. „Wir sind Mallorquiner, keine Spanier!" Diesen Satz habe ich sehr oft gehört. Sie grenzen sich ab.

Ein Grund auch, warum sie nur wenig Interesse an der Autonomie-Politik der Katalanen haben. Sie sind keine Katalanen. Und möchten auch nicht mit den Katalanen verglichen werden. Mallorquiner sind Mallorquiner. Ein schönes Beispiel: Unsere jüngste Tochter wurde in unserem Wohnort Binissalem, im Inselinneren eingeschult. Nach dem ersten Schultag kam sie nach Hause und verkündete uns, sie sind vier Ausländer in der Klasse: Sie selbst, als Deutsche, eine Französin, ein Engländer und ein Spanier vom Festland. Der Spanier vom Festland ist also auch ein Ausländer?

Fest steht, für Mallorquiner gibt es gewisse Abstufungen. Als erstes kommen die Mallorquiner, die bleiben gerne unter sich, die haben ein gemeinsames Bewusstsein durch ihre Inselsituation, seit Jahrtausenden. Dann kommen die Katalanen. Mit ihnen verbindet sie die Grundzüge der Sprache und eventuell noch die Sympathie gegenüber Barca, dem Fußballverein Barcelonas. Die nächste Stufe betrifft die Spanier vom Festland und dann kommen alle übrigen Ausländer. Erst die Ausländer, die Geld mitbringen, dann die Ausländer, die Arbeiten verrichten, die sie selbst nicht tun mögen. Dazu gehören Erntehelfer, Reinigungskräfte in den Hotels und Arbeiter für die Baubranche. Diese kommen aus Regionen Spaniens, in denen sie keine Arbeit finden, aus Südamerika und Nordafrika.

Mallorquin, die Sprache der Mallorquiner

So wie sich die Mentalität zu den Festland-Spaniern unterscheidet, so anders ist auch die Sprache der Mallorquiner. Anders als Spanisch, aber auch anders als Katalan. Mallorquin gilt als katalanischer Dialekt und Mallorquin hat auch tatsächlich keine eigene Schriftsprache.

Doch gibt es in der mallorquinischen Sprache auch ganz eigene Vokabeln und die Aussprache ist zum Katalan so verschieden, dass ein Bewohner aus Barcelona nicht unbedingt einen Bewohner aus Binissalem auf Mallorca versteht. (In Palma mag die Sprache verständlicher sein). Nur ganz nebenbei, ich bin Deutsche und verstehe die Menschen aus Niederbayern oder dem Schwarzwald auch nicht, wenn sie unter sich sind und miteinander reden. In einer Zeit, als es noch keine Amtssprachen und keine Schulpflicht gab, war es ja auch egal, welche Sprachen oder Dialekte die Menschen sprachen. Nur die Händler mussten sich einigermaßen verständlich machen.

Die Leute in den Städten und auf dem Land verstanden sich und die Grenzen der Sprachen und Dialekte waren fließend. So fließt das Okzitan, das in Südfrankreich gesprochen wurde und das Katalan in Katalonien ineinander über. Mallorca, das seine engsten Verbindungen zu Katalonien und Frankreich hatte, mischte natürlich auch die Sprachen, auch wegen des Handels. Ursprung aller Sprachen im westlichen Mittelmeer ist natürlich die Sprache der Römer. Das war ein Vulgär-Latein, das Anfang des 1. Jahrtausends in den von den Römern besetzten Gebieten gesprochen wurde. Doch auf Mallorca sind auch noch Einflüsse der Phönizier und der Araber geblieben, d.h. Reste semitischer Sprachen. Und dann natürlich Insel-interne Begriffe, die sie hier entwickelt haben.

Das lustigste Beispiel ist das Wort für Lamm:

Spanisch (castellan) - cordero
Katalan - xai
Mallorquin - mé

Es gibt noch mehr Beispiele, an denen man sehen kann, es ist keine sprachliche Verwandtschaft zu castellan oder catalan gibt.

Deutsch - rot
Spanisch (castellan) - rojo
Katalan - roig
Mallorquin - vermell

Deutsch - Hund
Spanisch (castellan) - perro
Katalan - gos
Mallorquin - ca

Rezept:
Lammschulter aus dem Backofen

Lamm, also „mé", ist aus der mallorquinischen Küche nicht wegzudenken. Die Schaf- und Ziegenzucht war früher auf den Inseln überlebenswichtig und dem Klima und der Landschaft entgegenkommend. Wenn zum Herbstanfang zum ersten Mal regnet, dann ist die Insel 4 Wochen später grün. Dann freuen sich die Schafe und das ist auch die Zeit der Lämmer.

Ich verstehe, wenn Sie kein Lamm essen möchten, dann blättern Sie einfach weiter. Da ich hier über traditionelle Gerichte schreibe, gehört Lamm in der mallorquinischen Küche einfach dazu.

Zutaten:
1 kleine Lammschulter pro Person
Zwiebeln
Lauch
Zitronen
Lorbeerblätter
Rosmarinzweige
Knoblauch
kleine junge Kartoffeln

Salz und Pfeffer
Olivenöl

<u>Die Zubereitung ist denkbar einfach</u>:
Die Zwiebeln achteln, den Lauch grob und die Zitrone in Scheiben schneiden. Zusammen mit den Lorbeerblättern und den Rosmarinzweigen in eine große Ton-Form oder einen Bräter oder auf ein tiefes Backblech mit reichlich Olivenöl legen. Die Lammschulter säubern und kurz in einer Pfanne rundherum anbraten. Jetzt salzen und pfeffern und auf das Bett von Zwiebeln, Lauch und Zitronen legen.

Den Backofen auf 200 °C aufheizen, das Lamm hineinschieben und nach einer 20 Minuten auf ca. 100°C runterdrehen. Dort bleibt es jetzt für lange Zeit. Ich kann dafür nur schlecht Zeitangaben machen. Normal bereite ich es am späten Vormittag zu und schiebe es in den Ofen, wenn am Abend die Gäste kommen. Sie müssen nur aufpassen, dass der Backofen heiß ist, aber dass weder das Lamm noch die Zwiebeln zu dunkel werden. Bei dieser Niedertemperatur verdampft das Wasser auf dem Lamm nicht und es kann nicht trocken werden.

Ca 2 Stunden vor dem Essen geben sie die kleinen Kartoffeln mit Schale dazu. Das ist ein authentisches Gericht aus dem Ofen, das in der Vorbereitung wenig Arbeit macht. Ideal für einen Abend mit Gästen. Dazu passt ein bunter Salat und natürlich ein mallorquinischer Rotwein.

Weinfest in Binissalem

Wie leben die Mallorquiner? Auf jeden Fall feiern sie gerne Dorffeste. Im Kapitel über die Zeit der Piratenüberfälle, habe ich schon von zwei großen Festen in Pollenca und Port de Soller berichtet. Traditionelle Feste können sich auf Mallorca über Tage oder Wochen hinziehen. So auch das Fest zu San Sebastian Mitte bis Ende Januar in Palma und auch das Weinfest in Binissalem. Da Binissalem seit über 25 Jahren mein Heimatort auf Mallorca ist, berichte ich jetzt von unserem schönen Weinfest.

Die Region Binissalem ist das bekannteste und größte Weinanbau-Gebiet auf der Insel. Hier stimmen das Klima und die Bodenbeschaffenheit und Binissalem hat dazu die älteste Weinanbau-Tradition auf Mallorca. Wenn die Arbeit auf den Weinfeldern erledigt ist, wird das gefeiert. Die Reben wachsen auf Mallorca bevorzugt in der Ebene und nicht am Berg, selten mal an einem Nordhang. Deshalb spricht man hier auch von Weinfeldern und nicht von Weinbergen. Die Lese der Trauben ist Anfang bis Mitte September und der Höhepunkt des Weinfestes von Binissalem findet am letzten Wochenende im September statt.

Stadtfeste, wie das Weinfest, sind in erster Linie Feste der einheimischen Bevölkerung und nicht der Touristen. Noch vor ein paar Jahren war es so, dass zum Weinfest alle Restaurants geschlossen hatten, mit dem Argument, wir wollen doch auch selbst feiern. Damals konnte man kaum etwas zu essen oder zu trinken kaufen. Natürlich gab es genug Veranstaltungen, wo man etwas bekam, wie zum Beispiel das Mittagessen der Leute, die an der Weinlese beteiligt waren. Inzwischen haben die meisten Restaurants zwar geöffnet, sie bieten aber Hauptsächlich ein Menü an und das auch nur gegen Reservierung. Dann sieht man lange Tischreihen, wo sich ganze Familien oder Freundeskreise zum Essen angemeldet haben.

Inzwischen zieht sich das Weinfest über drei Wochen. Es beginnt mit der Wahl eines weiblichen und eines männlichen Jugendlichen, ähnlich einer Weinkönigin, die in Tracht präsentiert werden. Dann gibt es Kunstausstellungen, Sportveranstaltungen, Spaß für Kinder, Abendessen für die Senioren und vieles mehr. Begleitet von traditioneller Musik und Tanz. Viele Menschen sind in Tracht unterwegs.

Das letzte Wochenende wird von einem großen Essen in den Straßen der Stadt eingeläutet. Dafür stellen die Bewohner Tische auf die Straße und feiern mit ihren Familien und Freunden. Alle kochen das Gleiche und zwar Fideu de Vermar, eine dicke Suppe mit Lamm und Nudeln. (Mein persönliches Rezept verrate ich am Ende dieses Kapitels). Das ist ein wirklich privates Fest, nicht für Touristen, es sei denn, sie haben eine Einladung eines Anwohners. Ansonsten bekommen sie auch schnell das Gefühl, in die Privatsphäre der Bewohner einzudringen.

Um einen Eindruck vom Weinfest zu bekommen, gibt es genug andere Möglichkeiten. Zum Beispiel eine Traubenschlacht, die man auch aus einiger Entfernung beobachten kann, ein Trauben-Wetttreten, einen großen Umzug mit geschmückten Wagen, Tanz- und Musikveranstaltungen und natürlich Weinproben und andere traditionelle Köstlichkeiten wie die unterschiedlichsten Empanadas und den folgenden Blechkuchen Coca.

Rezept: Coca de verdura, Gemüse-Blechkuchen

Coca könnte man auch die Pizza Mallorcas nennen. Nein, mit Pizza hat das nicht viel zu tun. Weder der Boden noch der Belag ähnelt einer italienischen Pizza, aber die Coca ist ebenfalls ein deftiger Blechkuchen mit einem Belag eigener Wahl. Coca kann man warm oder kalt essen, als Vorspeise oder zu einem Glas Wein oder einem Bier am frühen Abend. Da auf Mallorca, wie überall im Süden sehr spät zu Abend gegessen wird, passt ein Stück Coca am frühen Abend.

Zutaten für den Teig (2 Bleche):

1 Glas Wasser
¾ Glas Olivenöl (im Original Schweineschmalz)
3 Gläser Mehl
½ Teelöffel Salz
etwas Zitronensaft

Zutaten für den Belag mit Mangold (1 Blech):

1 Bund Mangold

1 Bund Frühlingszwiebeln
1 Bund Petersilie
Salz und Paprikapulver
3-4 große Tomaten
evtl. mit Bacalao oder Sardinen

Zutaten für den Belag mit Paprika und Zwiebeln (1 Blech):
½ kg Zwiebeln
½ kg rote Paprika
Salz und scharfes Paprikapulver

Die Zubereitung:
Für den Teig alle Zutaten vermischen und mindestens eine halbe Stunde ruhen lassen, damit sich das Mehl entfalten kann. Das ist besonders wichtig, da hier ohne Hefe gebacken wird und deshalb das Mehl gut kleben muss. Dann den Teig kneten, wenn notwendig etwas Wasser oder etwas Mehl dazugeben und dann noch einmal ruhen lassen. Den Teig dann auf zwei eingeölte Backbleche verteilen, den Rand jeweils etwas nach oben drücken. In der Zwischenzeit die Beläge vorbereiten.

1. Belag: Mangold waschen, von den Stielen befreien und grob schneiden. Die Frühlingszwiebeln würfeln, die Petersilie hacken und alles zusammen in eine Schüssel geben. Jetzt gut salzen und alle Zutaten mit den Händen dabei so drücken, dass sie in sich zusammenfallen. Den Belag mit Paprikapulver würzen. Die Mangold-Mischung jetzt das erste Blech verteilen. Die Tomaten in Scheiben schneiden und oben auf den Belag legen.

2. Belag: Die Zwiebeln und die Paprika in Streifen schneiden, auch wieder salzen und mit den Händen zerdrücken, anschließend mit dem Paprikapulver würzen. Dann einfach nur auf den Boden des zweiten Blechs verteilen.

Die Bleche kommen bei 180 bis 200°C für 30-40 Minuten in den Backofen. Coca schmeckt lauwarm am besten. Auf Mallorca bekommen Sie Coca auch mit dem salzigen Stockfisch, der hier Bacalao heißt. Sardinen sind auch möglich.

Rezept: Fideu de Vermar, Nudelsuppe in der Wein-Lese

Fideu sind Nudeln, die es in verschiedenen Stärken gibt. Mit diesen Fideu-Nudeln werden oft Gerichte in großen Pfannen zubereitet, das sehr an eine Paella erinnert. Nur dass hier auf Mallorca kein Reis wächst, wie in Valencia, wo die Paella herkommt. Dafür gab es hier schon immer Getreide, woraus Nudeln gemacht wurden. Also wird Gemüse und Fleisch, das gerade so da ist, genommen, zum Beispiel Kaninchen. Das wird in einer großen (Paella)Pfanne angebraten, dann kommen Gemüse und Bohnen dazu. Jetzt mit Wasser auffüllen und köcheln. Die Nudeln werden später in Stücke gebrochen und dazu gegeben. Diese besonderen Fideu-Nudeln zerfallen und kleben nicht so leicht und saugen das Aroma der Flüssigkeit auf. Sie quellen dabei soweit auf, dass das Fideu aus einer flachen Tonschale gegessen werden kann.

Das Fideu de Vermar ist eine Spezialität aus Binissalem und etwas dünnflüssiger, zumindest so wie ich es zubereite. Es gibt wie immer die unterschiedlichsten Rezepte, jeder Hausfrau hat da ihr eigenes Rezept und natürlich ist es auch immer von den Geschmäckern abhängig.

Fideu de Vermar ist ursprünglich eine Kraftnahrung für die Landarbeiter der Weinlese. Meine Hauptzutat ist Lammfleisch. Das war früher sicher nicht so. Das erste Fideu de Vermar, das wir von Nachbarn zu probieren bekamen, war überhaupt nicht mein Geschmack. Da waren ein eher älteres Schaf und auch Kaninchen und Schnecken drin. Gerne kommen auch Knochen und alles Mögliche vom Tier hinein, weil es die Brühe natürlich kräftiger macht. Mein Rezept ist also eine Version für verwöhnte Nordeuropäer und deshalb weniger authentisch:

Zutaten für ca. 4 Personen:
1 kg Lammkeule
1 Päckchen Suppengemüse
150 gr. Sobrassada (Paprikamettwurst)
2 große Zwiebeln
1 Knoblauchzwiebel
Gemüsebrühe
Wasser
1 kleine Dose Tomatenmark
Salz, Pfeffer
geheime Würzmischung von meiner Nachbarin (enthält u.a. Zimt, Nelken, Muskat, Koriander und Kardamom)
Salz, Paprika
2 Lorbeerblätter
2 Zitronenblätter
500 gr. Fideu-Nudeln No. 2
Petersilie

Die Zubereitung:
Ich beginne mit dem Kochen des Fideu bereits am Vortag. Dafür lasse ich die Sobrassada aus und röste darin die Zwiebeln an. Dann kommen alle Zutaten, bis auf die Nudeln und die Petersilie in den Topf und werden mit so viel Wasser aufgegossen, bis sie gut bedeckt sind. Es ist nicht wichtig, die Zwiebeln, den Knoblauch

und das Gemüse klein zu schneiden, da es sowieso zerkocht und später wieder rausgeholt wird. Jetzt köchelt die Suppe am besten den ganzen Tag lang. Ab und zu nachschauen, ob noch genügend Flüssigkeit im Topf ist und notfalls mit Wasser auffüllen.

Am nächsten Tag das Fett, das sich oben abgesetzt, einfach wegnehmen, wenn es dafür kalt genug ist. Sonst einfach abschöpfen. Jetzt alle Zutaten durch ein Sieb gießen und das Fleisch von den Knochen puhlen und alles entfernen, was Sie später nicht gerne essen möchten. Die sauber geputzten und zerkleinerten Fleischeinlagen wieder zurück in die Brühe geben.

Bevor die Gäste kommen, die Suppe zum Kochen bringen und eventuell mit Gemüsebrühe, Salz und Paprika nachwürzen. Die Suppe muss stark gewürzt sein, weil die Nudel später wieder sehr viel Schärfe und Salz aufnehmen. Wenn sie zu sehr eingekocht ist und zu intensiv geworden ist, können Sie auch noch Wasser nachfüllen. Dann die Nudeln dazugeben und mindestens eine halbe Stunde ziehen lassen. Sie sollten nicht wie in einer Nudelsuppe frei schwimmen, sondern die Suppe sollte eher die Konsistenz eines Eintopfs haben. Zum Servieren kommt die gehackte Petersilie auf das Fideu de Vermar.

Flöten, Trommeln & Dudelsäcke

Mir gefallen die Musik, die Tänze und die Trachten. Die Trachten der Männer mit ihren Pumphosen und die Tänze mit ihren hüpfenden Schrittfolgen erinnern eher an den arabischen Raum, vielleicht auch an das östliche Mittelmeer, als an das, was wir als typisch spanisch im Kopf haben. Nur die Kastagnetten, die hier eingesetzt werden sind dann doch wieder typisch spanisch. Mallorca ist eben auch ein Schmelztiegel aus den unterschiedlichsten Kulturen und Epochen unserer Geschichte. Deshalb ist es auch immer so spannend, etwas über die Geschichte zu erfahren. Erst dann können wir verstehen, woher Bräuche und kulinarische Eigenarten kommen.

Für Mallorca ist auch nicht die Gitarre das Musikinstrument, sondern traditionell eine Flöte und eine Trommel, die zeitgleich von einer Person gespielt werden. Viel spannender ist aber ein anderes Instrument: das hier auf Mallorca Xeremia genannt wird. Das ist ein Dudelsack. Als ich ihn vor vielen Jahren zum ersten Mal auf einem Dorfplatz hörte, dachte ich noch, hier sind schottische Tage oder sowas. Weit gefehlt, Dudelsäcke gibt es hier wahrscheinlich schon seit Jahrhunderten, vielleicht auch Jahrtausenden, je nachdem, wer ihn auf Mallorca oder im Mittelmeerraum gelassen haben könnte.

Wussten Sie, dass es früher in den meisten Kulturkreisen Dudelsäcke gab? Sie werden auch Sackpfeifen genannt. Heutzutage bringen wir den Dudelsack immer mit den britischen Inseln oder noch genauer mit den Schotten in Verbindung. Sackpfeifen gibt es in der tschechischen, böhmischen und sorbischen Folklore bis nach Polen. Früher auch in Süddeutschland, Österreich und der Schweiz. Genauso in Frankreich und auf der gesamten Iberischen Halbinsel, besonders in Galizien. Ja, und dann erstaunlicherweise in Italien und genauso im gesamten Südosteuropa bis Kreta und dem Baltikum. Dann weiter in Nordafrika und Vorderasien bis in den Süd-Iran.

Wo ist denn nun der Ursprung des Dudelsacks und wer hat ihn nach Mallorca gebracht? Auf einem Relief aus dem Jahr 1200 v. Chr. aus dem heutigen Syrien ist eindeutig ein Dudelsack zu sehen. Dort gab es die ersten Hochkulturen der Menschheit und Vorgänger dieses Dudelsacks gehen sogar bis auf 2800 v. Chr. zurück. Da die Phönizier bereits um 1000 v. Chr. ihre Handelsniederlassungen im gesamten südlichen und mittleren Mittelmeerraum gründeten, könnten sie für die Verbreitung gesorgt haben.

Eine andere Möglichkeit ist, dass tatsächlich die Kelten den Dudelsack bis in den Mittelmeerraum gebracht haben. Die Ausbreitung der Kelten war gewaltig. Sie waren um 275 v.Chr. bis zum Schwarzen Meer und in die heutige Türkei vorgedrungen. Genauso hatten sie Siedlungen in Südfrankreich und von dort ist es nicht mehr weit nach Mallorca.

Wann und von wem der Dudelsack, der Xeremia, nach Mallorca gebracht wurde, kann heute nicht mehr festgestellt werden. Seine Musik ist ein fester Bestandteil der mallorquinischen Kultur.

Die Ximbomba, ein ungewöhnliches Instrument

Auf Mallorca gibt es noch mehr ungewöhnliche Instrumente. Zum Beispiel die Ximbomba. Dieses Instrument sieht aus wie eine einfache Trommel. Ein Tongefäß, das unten offen ist und oben mit einer Haut bespannt. Das ist noch nicht ungewöhnlich, doch es ist keine Trommel, sondern in der Mitte der Haut steckt ein fest montiertes Stück Schilf-Rohr. Ich kenne wirklich kein vergleichbares Instrument.

Um es zu benutzen, feuchtet der Spieler eine Hand an, umschließt mit dieser Hand das Schilfrohr und reibt so auf und ab, bis ein Geräusch entsteht. Der Resonanzkörper der Tonform verstärkt das undefinierbare Geräusch. Das Geräusch, dass beim Spielen der Ximbombe entsteht, ist keine Melodie, sondern eher ein Rhythmus und zu diesem Rhythmus wird gesungen. Dies als Gesang zu beschreiben ist auch wieder nicht richtig, es ist eher ein Sprechgesang. Sie merken, Sie müssen es selbst sehen und hören, um zu wissen, was ich meine.

Beim Vortrag entstehen kurze Verse, jeder in der Runde trägt einen kurzen Vers bei, dabei wird viel gelacht und gekichert. Themen können sowohl kritisch und politisch sein, doch meist persönlich und betreffen Freunde, Nachbarn und Familie. Anzüglichkeiten kommen dabei nicht zu kurz, deshalb wird auch so oft gekichert. Zu welchen Anlässen wird die Ximbombe gespielt? Natürlich auch in Umzügen, wie den zum Weinfest in Binissalem, aber vor allem am Vorabend zum Fest des San Antoni, wenn die Nachbarn um das große Feuer sitzen und musizieren.

San Antoni, der Heilige der Tiere

Der heilige Antonius ist der Schutzheilige der Tiere. Der Tag des San Antoni ist der 15. Januar, der kann aber auch auf den nächsten Sonntag verschoben werden, wenn die Gemeinde keinen freien Feiertag mehr hat. Jeder Gemeinde steht nur eine begrenzte Zahl von variablen Feiertagen zur Verfügung.

Am Tag des San Antoni werden die Tiere im Ort gesegnet. Der Pfarrer stellt sich mit dem Sprengel den er ins Weihwasser taucht vor die Kirche. Die Bewohner des Ortes ziehen in einem langen Zug an dem Pfarrer vorbei. Darunter sind Leute mit ihren Hunden an der Leine und ihren Katzen auf dem Arm, genauso wie Reiter auf ihren Pferden, Männer auf ihren Sulkys und Kinder mit ihrem Kanarienvogel im Käfig. Ich habe auch schon Falkner mit ihren Greifvögeln auf dem Arm gesehen. Falknerei hat hier eine Tradition. Das lustigste war ein Kind mit einem Goldfisch in einer Plastiktüte. Der wird wohl kein Weihwasser abbekommen haben, aber der gute Wille zählt.

Doch was sich am Vorabend abspielt, das ist noch viel interessanter. Da tanzen die Dämonen um riesige Feuer die an mehreren Stellen im Ort entzündet werden. Das ist die Nacht der Hexen und Dämonen.

Es wird gegrillt, musiziert, gelacht, getanzt und hier kommt die Ximbombe zu Einsatz. Direkt vor unserer Tür auf einem kleinen Platz haben wir auch ein riesiges Feuer.

Nach dem Grillen wird ein Zaubertrank gerührt, flambiert und dann getrunken. Das Fest kann die ganze Nacht dauern, denn das Feuer wärmt, auch wenn es Mitte Januar ist.

Der heilige Antonius war ein christlicher Mönch. Im 3. Jahrhundert geboren, lebte er in der ägyptischen Wüste als Einsiedler. Dort versuchte der Teufel immer wieder, ihn in Frauengestalt in Versuchung zu führen. Um sich gegen die Lust zu wehren, zündete er Feuer an und lief durch die Glut.

Magisches Mallorca

Wenn man sich mit den Legenden und Mythen der Insel beschäftigt, lernt man das kollektive Bewusstsein der Mallorquiner zu begreifen. Es gibt magische Tiere und Pflanzen, heilende Bäume, Bubotes, das sind Mallorca-typische Leintuchgeister, Wasserfrauen, die in Brunnen und Zisternen leben, Hexen und Dämonen. Um sie zu vertreiben, gut zu stimmen oder vielleicht sogar zu rufen, wird Feuer gemacht und viel geknallt.

Unsere Nachbarin, die fast 100 Jahre alt geworden ist und schon seit ihrer Geburt in ihrem Haus lebte, hatte für alles ein Heil-Kraut. Ich nahm es immer gerne an und habe das ein oder andere auch selbst gepflanzt. Ob das am Ende wirklich half, ich weiß es nicht. Ihre Ratschläge waren manchmal auch seltsam. Ich fand einmal eine kleine Schlange im Garten, sperrte sie in ein großes Schraubglas, weil ich wissen wollte, was für eine Schlange das war. Ich zeigte sie unserer Nachbarin Barbara, worauf sie erfreut erzählte, ich könne sie in eine Flasche geben, mit reinem Alkohol auffüllen und die Flasche 4 Wochen ruhen lassen.

Dann hätte ich eine prima Tinktur gegen alle möglichen Verletzungen. Nein danke, ich habe das Tier natürlich wieder frei gelassen. Nicht auf unserem Grundstück.

Nicht nur Schlangen haben hier eine magische Wirkung, auch andere Tiere. Der Esel, der heute oft als Symbol für Dummheit und Sturheit steht, war früher in vielen Teilen des Mittelmeerraums ein heiliges Tier. Der Stier war nicht nur auf Kreta heilig, er galt auch in der Talayot Kultur auf Mallorca als heilig. Die Ziege galt als Gesandte des Teufels und ist damit ein Wesen der Zwischenwelt und auch die Fledermaus war ein Höllenbote. Der Teufel soll sie erschaffen haben. Eigentlich wollte er einen Vogel erschaffen, so wie Gott die Vögel gemacht hatte, mit einem schönen Federkleid und fröhlich zwitschernd. Doch das was der Teufel erschuf war ohne Federn, häßlich, blind und nachtaktiv.

Hexen verwandeln sich nachts in Fledermäuse um fliegen zu können und die Menschen zu überraschen. Viele Tiere haben eine magische Wirkung, so auch die Katzen. Katzen wurden im Altertum in Ägypten und auch in Rom verehrt und in Rom sogar bis heute geschützt. Auf Mallorca steht eine schwarze Katze immer in Verbindung mit einer Hexe. Hexen erscheinen sogar in Gestalt einer schwarzen Katze. Darüber werden in einigen Dörfern bis heute Geschichten erzählt. Von schwarzen Katzen, die in Wirklichkeit Frauen aus dem Dorf sein sollen und nachts durch die Straßen oder über die Dächer schleichen.

Ich habe viel zu magischen Tieren und Pflanzen recherchiert und könnte ein ganzes Buch darüber schreiben. Fast alle Tiere, die auf Mallorca leben oder gelebt haben, haben eine magische Bedeutung, aber auch viele Pflanzen. Bäume verbinden die Erde mit dem Himmel, also auch mit den Göttern. Große starke Bäume wurden verehrt und angebetet und sie hatten die Macht zu heilen. Heutzutage gibt es sie immer noch, die besonderen Bäume Mallorcas, den ein oder anderen durfte ich schon kennenlernen.

Auch Berge haben ihre Geschichten. So gibt es die Legende vom bösen Grafen auf dem Galatzo und den Hexen auf dem Alcadena, die bei Vollmond ein Seil zum Puig d'Alaro spannen und dann dort nackt tanzen. Ein Mönch, der auf dem Puig d'Alaro in einer kleinen Klosterkirche gelebt hat, hat das mit eigenen Augen gesehen. Was auch immer er zuvor getrunken oder geraucht hat. Oder es war wirklich so.

Rezept: Bunyols, Kartoffelküchlein

Bunyols sind mit Krapfen oder Berlinern zu vergleichen. Doch der Teig ist ein Kartoffelteig und zu den Bunyols gibt es eine Geschichte und eine alte Tradition. Natürlich können Sie Bunyols das ganze Jahr über essen, doch ihnen ist auch ein ganz besonderer Tag gewidmet, nämlich der 21. Oktober, das ist der Tag der heiligen Ursula. Ihr zu Ehren gibt es das Fest „les Verges", das Fest der Jungfrauen. Eigentlich geht es um den Vorabend des 21. Oktober. Schon am Nachmittag kamen meine Töchter entweder glücklich oder traurig aus der Schule. Am 20. Oktober bekamen sie, als Sympathie-Bekundung von ihren Klassenkameraden Nelkenblumen geschenkt. Bekamen sie keine Nelke waren sie traurig, bekamen sie welche, waren sie glücklich und wenn sie von einem Jungen kam, den sie auch gut fanden, dann strahlten sie.

Das war für diesen Tag noch nicht alles, jetzt waren die Mütter gefragt. Wir Mütter von Töchtern mussten Bunyols, die Kartoffel-Küchlein zubereiten. Am Abend zogen dann traditionsgemäß die Jungs vor die Häuser ihrer Angebeteten und sangen. Zum Dank wurden sie ins Haus gebeten und bekamen Bunyols zu essen und

Wein zu trinken. Dieser Krug ist also nicht an mir vorbei gegangen. Deshalb kommt hier auch das Rezept.

Zutaten:
500 gr. Kartoffeln
250 gr. Mehl
1 Päckchen Trockenhefe
100 ml Öl
100 gr. Zucker
1 Eigelb
250 ml warmes Wasser
Öl zum Frittieren
Zucker zum Bestreuen oder Kürbismarmelade

Die Zubereitung:
Die Kartoffeln kochen, schälen und abkühlen lassen. Das Mehl mit dem Zucker und der Hefe mit dem lauwarmen Wasser mischen und eine halbe Stunde ruhen lassen. Die Kartoffeln durch ein Sieb streichen, mit der Mehlmischung, dem Eigelb und dem Öl gut mischen und durchkneten und noch einmal mindestens 1 Stunde gehen lassen, bis sich der Teig verdoppelt hat.

Das Fett im Frittiertopf erhitzen. Das Formen der Bunyols braucht etwas Übung. Mit der linken Hand wird ein Stück Teig genommen und geformt. Das Loch entsteht mit dem Daumen der rechten Hand, wenn sie das Teigstück aus der linken Hand nimmt und während es in das Frittierfett gleitet.

Die Bunyols sind fertig wenn sie oben schwimmen und eine schöne hellbraune Farbe haben. Jetzt müssen sie nur noch in Zucker gewälzt werden. Mit Kürbismarmelade schmecken Bunyols auch genial gut. Das Rezept zur Kürbismarmelade finden Sie hier im Buch.

Geister und Dämonen, Aberglaube und magische Orte

Nachdem die Aufklärung Götter und Dämonen verjagt hatte, galten „mysteriöse Ereignisse“ als „Aberglauben“. Das galt für alle Ereignisse, die nicht erklärt werden konnten. Aberglauben ist ein Begriff der christlichen Kirche, denn es war nicht so einfach den Glauben an Geister und bestehende Bräuche zu verdrängen. Oft hat die Kirche es bis heute nicht geschafft. Denken wir an die schwarze Katze von links oder an Glücksbringer am Schlüsselbund. Um heidnische Festtage zu verdrängen, wurden christliche Feiertage gerne auf bestehende Feiertage gelegt. Nehmen wir Weihnachten und die Nähe zur Wintersonnenwende, den Johannistag zur Sommersonnenwende, Ostern, der erste Vollmond nach Frühlingsanfang. Das waren auch vor dem Christentum heilige Tage. Da wurde sowieso gefeiert, jetzt nur aus anderen Gründen.

Der Geisterglaube und auch der Aberglaube wurden damit nicht verdrängt. Gerade in gläubigen Regionen am Mittelmeer hängt ein Glücksbringer im Auto, am Hauseingang oder an den Fischerbooten.

Niemand glaubt an Geister, hat trotzdem Angst vor ihnen und kaum jemand geht freiwillig unter einer Leiter durch, ich auch nicht, obwohl ich „eigentlich" nicht daran glaube.

Kirchliche Anlässe verschmelzen oft mit Bräuchen und Kulturen vergangener Epochen. So kommen mir manche Bräuche nicht besonders katholisch vor. Auf den Inseln im Mittelmeer hatten es die Christen und vorher die Muslime schwer, ihre Religion zu etablieren. Inseln haben oder hatten immer auch ihre ganz eigene Kultur und Religion. Das trifft nicht nur auf die Balearen-Inseln zu. Auch auf Sizilien und ganz besonders auf Sardinien hatten die Christen viel Mühe, die Bewohner von ihrer Religion zu überzeugen. Nur Malta bildet da eine große Ausnahme, aber darüber schreibe ich in einem anderen Buch.

Einige Legenden, die auf Mallorca erzählt werden, gehen angeblich bis in die Bronze-Zeit zurück. Also lange vor Christi Geburt und damit lange bevor das Christentum entstand. Damals gab es heilige Orte, die man heute durchaus noch als Kraftorte bezeichnen kann. Von meinen vielen Wanderführungen kenne ich ein paar dieser Orte und ich habe immer wieder Wandergäste, die an solchen Orten interessiert sind. Dort spürt man tatsächlich etwas Besonderes. Es gibt Orte, die ein Unbehagen auslösen, aber genauso Orte, die glücklich, stark und zufrieden machen. Das ist auch keine Einbildung, da bin ich mir sicher.

Das kann zum Beispiel eine Gruppe besonders hoher Steineichen oder Pinien sein, die ohne ersichtlichen Grund besonders groß wachsen. Eine Felsformation, an der früher heilige Rituale abgehalten wurden oder Plätze mit einem besonderen Blick über die Landschaft, zum Beispiel zum aufgehenden Mond gerichtet. Bei magischen Orten geht es oft auch um verschollene Schätze. Der Schatz der Tempelritter kommt auch immer mal wieder ins Gespräch, so wie an vielen anderen Orten in Westeuropa. Das wäre nur zu schön, einen solchen Schatz zu finden.

Der Siurell

Auf Mallorca gibt es magische Figuren, die Sie sogar in jedem Souvenir-Shop finden, die Siurells. Das sind kleine weiße Tonfiguren mit roten und grünen Strichen bemalt. Zeugnisse aus einer längst vergangenen Zeit. Die kleinen Tonfiguren haben überlebt, weil sie erst als Kinderspielzeug, dann als Souvenir, bis heute traditionell nur von Frauen hergestellt werden. Wenn sie schon einmal auf Mallorca waren, haben Sie sie sicher schon einmal in einem Souvenirladen gesehen.

Als sicher gilt, dass der Ursprung dieser Siurells bis in die Antike zurück geht. Lange Zeit ging man davon aus, dass die Phönizier sie importiert haben, da überall, wo die Phönizier waren, auch solche Figuren existieren. Also auf Malta, auf Sardinien und auch auf Kreta.

So oder so sehr interessant, denn die kleinen Figuren sind mehr als kleine Kunstwerke. Siurells werden aus Ton geformt, gebrannt, in Kalk getaucht und anschließend mit Punkten und Strichen bemalt. Es können Reiterfiguren, Frauen, Teufel, Figuren aus der Mythologie oder Tiere sein.

Die kleinen Tonfiguren sind nicht nur interessant anzusehen, es sind gleichzeitig Pfeifen oder Flöten, denen eine magische Wirkung zugeschrieben werden. Zauber konnte man natürlich immer gebrauchen. Damals wie heute waren die zentralen Themen die Liebe, die Gesundheit und die Existenz. Letzteres war damals vor allem die Ernte und da wurde die Pfeife eingesetzt. Winde auf einer Insel können Angst machen, werden aber auch gebraucht und so rief man zum Beispiel mit Hilfe der Siurell den Wind, wenn man das Korn eingeholt hatte und dreschen wollte.

Die Siurells waren über Jahrhunderte nie aus den Häusern der Mallorquiner verschwunden. Zuletzt spielten Kinder damit. Der Maler Joan Miró, der eine Zeit lang auf Mallorca lebte, entdeckte die Figuren und machte sie wieder berühmt. Seitdem stehen sie in jedem Souvenirladen. Zu Recht, und sie sind wirklich schöne und authentische Mitbringsel.

Rezept: Omelette mit dicken Bohnen

Der Glaube an Geister und Dämonen ist alt. Der Anbau von Hülsenfrüchten auch. Während die Italiener am Neujahrstag Linsen essen, weil es Geld bringen soll, so darf man in anderen Regionen Europas in den Rauh-Nächten, also zwischen dem 24. Dezember und dem 6. Januar keine Hülsenfrüchte essen. Das ist die Zeit, in der die Geister zurück auf die Erde kommen. Sie würden sonst bleiben, weil sie die Hülsenfrüchte so sehr lieben.

Ich bin kein Geist, trotzdem gehören dicke Bohnen, Linsen und Kichererbsen zu meinen absoluten Lieblingsspeisen. Sie sind getrocknet ewig haltbar, enthalten wichtige Mineralien und viele Proteine und sind unglaublich vielseitig einsetzbar. Deshalb sind Hülsenfrüchte in der mediterranen bäuerlichen Küche fast täglich zu finden.

Zutaten:

400 gr. frische Saubohnen (oder TK oder 200 gr. getrocknete Bohnen)

8 Eier
2-3 Tomaten
1 Hand voll Frühlingszwiebeln
4 Knoblauchzehen
1 Bund Petersilie
Salz/Pfeffer
Olivenöl
(evtl. 100 gr. Sobrassada oder jungen Schafskäse)

Die Zubereitung:
Die Bohnen vorbereiten, d.h. wenn Sie getrocknete Bohnen verwenden, am besten über Nacht einweichen. Das Wasser abgießen und dann wie die frischen Bohnen oder die Tk-Bohnen ohne Salz kochen, bis sie weich sind, aber noch nicht auseinander fallen. Wenn es sich um wirklich dicke Bohnen handelt, dann muss nach dem Einweichen und vor dem Kochen die Haut entfernt werden, weil sie zu ledrig ist.

Die Frühlingszwiebeln würfeln und mit etwas Salz in Olivenöl glasig anbraten. Die Tomaten würfeln und mit den Bohnen und dem zerkleinertem Knoblauch zu den Zwiebeln geben. Wenn Sie Sobrassada, die mallorquinische Paprikawurst haben und wenn Sie das Omelette deftig mögen, dann geben Sie sie jetzt auch dazu. In einer extra Schüssel verquirlen Sie die Eier und geben Sie anschließend zu den anderen Zutaten in die Pfanne. Die Temperatur muss jetzt so gering wie möglich gehalten werden, damit das Ei stocken kann, ohne dass das Omelette anbrennt. Wenn Sie mögen, dann bröseln Sie jetzt den Schafskäse auf das Omelette. Zum Wenden gibt es einen einfachen Trick: Lassen Sie das Omelette auf einen großen Teller oder einen flachen Deckel gleiten. Stülpen Sie dann die Pfanne auf den Teller oder Deckel und drehen Sie das Ganze in einem Schwung um.

Das Omelette mit viel frischer gehackter Petersilie servieren.

Cant de la Sibil·la

Es gibt wirklich alte Rituale und Bräuche auf Mallorca. Ein sehr alter Brauch geht auf die antike Prophetin Sibylle zurück. In der römischen Kultur wurden gleich mehrere Prophetinnen daraus, die Sibyllen. Im alten Rom gab es die Sibyllinischen Bücher, das war eine Sammlung von Orakelsprüchen. Als sich das Christentum langsam durchsetzte, übernahmen die Christen die Weissagungen der Sibylle. Die Menschen waren damit so sehr vertraut, dass sie deshalb darauf auch nicht verzichten wollten. Außerdem soll in den Weissagungen auch die Ankunft Jesu angekündigt worden sein.

Im Mittelalter war dann der Gesang der Sibylle in ganz Südeuropa verbreitet. Gesungen wurde und wird bis heute weniger von der Geburt Jesu, sondern vor allem von der Apokalypse, dem Weltuntergang am Tag des Jüngsten Gerichts.

Da die Prophetin eine Frau war, es jedoch bis vor wenigen Jahrzehnten im Christentum undenkbar schien, eine Frau mit einer so wichtigen Aufgabe zu betreuen, übernahmen junge Männer die Aufgabe diesen Gesang vorzutragen. Männer mit hohen Stimmen. Das waren in der Regel Eunuchen. Männer die als Knaben kastriert wurden, damit sie ihre schönen hohen Stimmen behalten. Ein Brauch, der besonders im Barock üblich war, nicht nur in der Kirche, auch für den Operngesang.

Also Männer mit Frauenstimmen in Frauenkleidern sangen in der Kirche vom Weltuntergang. Im 17. Jahrhundert gab es eine Kirchenreform und die Gesänge der Sibylle wurden verboten. Auf Mallorca gab es nur eine dreijährige Unterbrechung. 1692 erlaubte die Kirche den "Cant de la Sibil·la" auf Mallorca, jedoch nur noch an Heiligabend.

Nur auf Mallorca im Kloster Lluc, wo es einen berühmten Knabenchor gibt und in Alghero auf Sardinien hat sich der „Cant de Sibil·la" bis heute durchgehend gehalten. Inzwischen wird er wieder in anderen Regionen, auch in Katalonien aufgeführt.

Da es keine Eunuchen mehr gibt, entschied der Vatikan in den 1960er Jahren, dass Frauen wieder die Rolle der Sibylle übernehmen dürfen. Jetzt stehen sie in vielen Kirchen auf Mallorca und inzwischen auch wieder in Katalonien und Sardinien an Heiligabend auf den Emporen. Sie tragen ein langes Gewand, halten ein Schwert vor sich und singen vom Weltuntergang.

Doch warum singt die Prophetin an Weihnachten von der Apokalypse? Warum in der Nacht, in der Jesus geboren wird? Vielleicht weil der Erlöser geboren wird, der uns von den Sünden befreit und weil wir dank Jesu am Tag der Apokalypse nicht in die Hölle kommen. Das wäre logisch. Den Menschen sollte mit dem Lied Angst gemacht werden, damit sie sich „anständig" benehmen und nicht in das ewige Feuer der Hölle kommen.

Die Kirche arbeitet gerne mit drastischen Mitteln. Das habe ich als Kind auch noch erlebt, ich hatte die größte Angst vor der Hölle, aus der es kein Zurück gibt. Der Gesang der Sibil·la findet in vielen

Kirchen in der Weihnachtsmesse am späten Abend oder kurz vor Mitternacht statt. Ein sehr ergreifendes Erlebnis, das mich immer wieder sehr beeindruckt. Dann ist es in der voll besetzten Kirche so still, ohne Räuspern oder Hüsteln, dass man eine Stecknadel fallen hören könnte.

Der Gesang der Sibil·la auf Mallorca wurde 2010 zum Weltkulturerbe der UNESCO erklärt. Nach der Messe verlässt man die Kirche und vor der Kirche auf dem Dorfplatz gibt es Xocolate, eine sehr spezielle Schokolade. Das Rezept habe ich hier für Sie:

Rezept: Xocolate, heiße Schokolade

Xocolate ist nicht einfach eine heiße Schokolade, das „Getränk" ist eher ein Pudding, der dennoch in einer Tasse serviert wird. Wenn man das schon als Pulver vorbereitet im Supermarkt kaufen möchte, steht deshalb auch Chocolate de taza auf der Packung. Ich bereite sie jedoch lieber selbst zu. Nicht nur an Weihnachten. Xocolate paßt immer, wenn es kalt ist und/oder wenn Sie Lust auf heiße Schokolade haben:

Zutaten:
100 gr. Schokolade (ich bevorzuge eine hochprozentige bittere Schokolade)
1 Liter Milch
2-3 Esslöffel Zucker, ja nach Geschmack
1-2 Teelöffel Mehl,
je nachdem wie dick die Schokolade werden soll

<u>Die Zubereitung ist einfach</u>:
Die Schokolade fein reiben und beiseite stellen. Wie bei einem Fertigpudding, das Mehl mit etwas kalter Milch und dem Zucker auflösen und auch beiseite stellen. Die restliche Milch zum Kochen bringen und unter Rühren die geriebene Schokolade darin auflösen. Dann die Mehl-Zucker-Milch-Mischung auch dazugeben und ebenfalls unter Rühren einmal kurz aufkochen lassen.
Den Topf vom Herd nehmen, ein wenig auskühlen lassen und noch heiß zu fettem Hefegebäck wie Ensaimadas, Churros oder Bunyols essen. Mehr Kalorien gehen kaum, das ist aber unglaublich köstlich.

Die Insel der 1.000 Windmühlen

Ein großer Teil Mallorcas besteht aus landwirtschaftlichen Flächen. Da es aber durchaus wochenlang nicht regnet, mussten die landwirtschaftlichen Flächen auch früher schon künstlich bewässert werden. Das hat man früher mit Hilfe von Windmühlen gemacht. Mallorca galt einmal als die Insel der 1000 Windmühlen. Leider sind die meisten Windmühlen verfallen.

In der Nähe des Tramuntana Gebirges legten bereits die Araber Wasserleitungen an, die Ihre Gärten und Felder bewässerten. In den großen Ebenen in der Inselmitte ging das nicht. Also wurden zur Bewässerung der Felder Windmühlen gebaut, mit deren Kraft das Wasser der Felder aus dem Boden geholt wurde. So stand früher eine Windmühle an der anderen. Feld für Feld.

Heute sieht man sie manchmal sehr schön restauriert, es gibt Vereine, die sich darum kümmern. Manchmal sind die Windblätter nur noch in Fragmenten zu sehen und meist steht nur noch ein eckiger Turm als Überbleibsel auf den Feldern. Die Windmühlen wurden unrentabel, als der Dieselmotor zum Einsatz kam, denn jetzt waren die Bauern unabhängig vom Wind und konnten wässern, wenn es notwendig war. Die Dieselmotoren wurden schließlich durch Elektromotoren ersetzt, die waren noch einfacher die Bedienung.

Viele der erhaltenen Mühlen stehen heute unter Denkmalschutz. Und dann gibt es noch einige wenige Wassermühlen. Die stehen im Tramuntana-Gebirge und funktionieren nur, wenn es genug regnet. Auf Mallorca gibt es keine Flüsse oder Bäche, nur Torrents, das sind trockene Wasserläufe, die bei Regen allerdings zu gefährlichen Flüssen werden können. Die Wassermühlen im Gebirge konnten also nur eine kurze Zeit im Winter genutzt werden.

Sehr schön anzusehen sind die Windmühlen für Getreide. Sie sehen aus, wie wir uns eine Windmühle vorstellen, mit großen, mit Leinen bespannten Flügeln. Sie stehen über das Land verteilt. Eine am Orteingang in Binissalem, eine am Stadtrand von Sante Maria, Sie kennen sie vielleicht als ein feines Restaurant. Besonders schön anzuschauen sind die Getreidemühlen von Palma, die heute teils mitten in der Stadt oder auch direkt an der Küste stehen. Sicher weil dort ein guter Wind vom Meer kommt.

Rezept: Tumbet, Auberginen-Auflauf

Tumbet ist ein einfaches Sommergericht, das man als Beilage zu Fleisch oder Fischgerichten essen kann. Ich mag es auch als Hauptgericht, dann muss man nur die doppelte Menge zubereiten. Spiegeleier passen auch super dazu.

Zutaten:
1 Kg Tomaten
6 Kartoffeln
2-3 Auberginen
2 grüne Paprika
2 Knoblauchzehen
Salz
etwas Olivenöl

Die Zubereitung:
Die Auberginen in nicht zu dünne Scheiben schneiden, von beiden Seiten salzen und liegen lassen, damit der Saft austreten kann. Die Tomaten mit kochendem Wasser enthäuten, würfeln und in einer

Pfanne mit dem Knoblauch und Salz zu einer dicken Tomatensoße kochen. Die kann man auch aus der Dose nehmen. Die Kartoffeln schälen, auch in Scheiben schneiden und in heißem Öl braten. Die Kartoffeln in eine Auflaufform legen und salzen. Die Auberginenscheiben abwaschen und auf die Kartoffeln legen. Darauf die gewürfelte Paprika geben und wenn die Tomatensoße fertig ist, sie als oberste Schicht über alle Zutaten gießen. Gewürzt wird nur mit Salz. Die Auflaufform kommt jetzt bei 180°C für 30-40 Minuten in den Backofen. Tumbet schmeckt warm, aber auch kalt und auch noch am nächsten Tag.

Mallorca und die Landwirtschaft

Wenn Sie, besonders im Winter und im Frühjahr über die große Ebene der Insel fahren, sehen Sie den landwirtschaftlichen Anbau.

Im Süden Mallorcas vorwiegend Getreide, dazu natürlich Mandeln und Kapern. Die Kapern fallen besonders im Sommer auf. Sie erkennen sie, da es die einzigen grünen Büsche auf den abgeernteten trocknen Feldern sind. Kapern sind extrem genügsam. Wir haben einen Busch im Garten, der nie gewässert wird. Die Ernte dieses einen Buschs beträgt mindestens 4 Liter Einmachgläser.

Die größte Vielfalt und die üppigste Ernte, wohl auch wegen des sehr fruchtbaren Bodens und des Bewässerungssystems, findet man in der Ebene um Sa Pobla im Norden.

Dort wachsen nicht nur Zwiebeln, Kohl und Kartoffeln, dort finden wir auch Mais, Melonen, Artischocken, Erdbeeren und vieles mehr.

Der Gemüseanbau hat natürlich die einheimische Küche geprägt. Fleisch ist dabei nicht selbstverständlich und dazu konnte sich das die Landbevölkerung kaum leisten. Ab und zu wurde auch ein Kaninchen gefangen oder Schnecken gesammelt. Kein Wunder, dass es öfter Gerichte gibt, die Kaninchen oder Schnecken enthalten. Letzteres soll dazu gesund sein, was mir ziemlich egal ist, weil ich sie einfach nicht mag.

Schnecken werden hier im Norden der Insel sogar gezüchtet, doch meist werden sie immer noch gesammelt. Wenn Sie Leute nach einer regnerischen Nacht mit einer Plastiktüte in der Hand spazieren gehen sehen, die dabei immer die Wegränder suchend anschauen, dann sind sie einem Schneckensammler begegnet. Die Schnecken werden dann für 24 Stunden in Mehl gesetzt und anschließend in heißem Wasser getötet. Das hat wenig mit den französischen Schnecken in Kräuterbutter zu tun. Die mallorquinischen Schnecken sind auch sehr viel kleiner und werden aus dem Haus heraus komplett gegessen, wer das mag.

Mallorquinische Gerichte bestehen also hauptsächlich aus Gemüse. Fleisch gab es natürlich nur nach dem Schlachten, wenn nicht zwischendurch etwas geschossen oder gesammelt wurde, wie die Schnecken. Das Haltbarmachen von Fleisch war nur in Würsten möglich. Fisch wurde durch Salzen haltbar gemacht. Gemüse gibt es im Mittelmeerraum zu jeder Jahreszeit, das Gemüse musste hier nicht, so wie in Nordeuropa konserviert werden. Einzig die dicken Bohnen und die Kichererbsen. Die wurden getrocknet und so zu einer Beigabe in jeder Suppe. Dazu sind sie sehr gesund, mit vielen Proteinen und lange sättigend.

Rezept:
Sopa Mallorquin, Gemüse-Auflauf

Sopa heißt in der Übersetzung eigentlich Suppe. Hier handelt es sich aber nicht um eine Suppe, eher um einen Auflauf, der in den Backofen kommt und auch nicht gerührt werden darf. Die Zutaten richten sich auch immer danach, was die Jahreszeit zu bieten hat. Nehmen Sie deshalb die Zutatenliste nicht zu genau, schauen Sie, was der Garten oder Ihr Gemüseladen aktuell zu bieten hat. Hier mein Vorschlag:

Zutaten:

200 gr. altbackenes Graubrot (gibt es auf Mallorca dünn geschnitten in der Gemüseabteilung)
¼ Liter Olivenöl
1 große Zwiebel
1 Knoblauchknolle
1 rote Paprika
250 gr. grüne Bohnen

250 gr. Erbsen
1 kg Wirsing
5 Tomaten oder eine Dose Tomaten ohne Haut
1 kg Blattspinat
1 Liter Wasser
5 Artischockenherzen
½ Blumenkohl
Salz, Pfeffer, Paprikapulver
1 Bund Petersilie

Die Zubereitung:
Das trockene, hauchdünn geschnittene Graubrot auf den Boden einer Greixoneira, der mallorquinischen Tonform legen. Es geht natürlich auch in einer hohen Auflaufform. Die Tonformen haben allerdings den Vorteil, dass sie die Hitze rundherum sehr gleichmäßig abgeben. Einen guten Schuss des Öls auf das Brot träufeln. Die Zwiebeln würfeln, die Paprika in Streifen schneiden und die Tomaten enthäuten und in Scheiben schneiden oder gleich Dosentomaten verwenden. Den Blumenkohl in Röschen teilen.

Jetzt das restliche Öl in einem zweiten Topf erhitzen, die gewürfelten Zwiebeln darin anrösten, dann die Paprikastreifen und die ganze Knoblauchknolle dazugeben. Anschließend nach und nach die Bohnen und Erbsen, den Wirsing und den Spinat und zum Schluss die Tomaten. Dann mit dem Wasser aufgießen, salzen und pfeffern, mit Paprikapulver würzen und 20 Minuten köcheln lassen ohne zu rühren, damit nichts zerfällt.

Das Gemüse mit einem Schöpflöffel herausholen und in die Form mit dem Graubrot geben. Dabei die Knoblauchknolle beiseite nehmen und sie zum Schluss auf den Auflauf in die Mitte drapieren. Die Blumenkohlröschen werden auch oben auf der Sopa drapiert, das sieht hübscher aus als ein Eintopf. Die Gemüsebrühe noch mal mit Salz, Pfeffer und Paprikapulver abschmecken und über das Gemüse gießen. Die Tonform jetzt für mindestens eine halbe Stunde bei 175 °C in den Backofen stellen und durchziehen lassen. Das Wasser sollte vom Gemüse und dem

Brot aufgenommen werden.

Beim Servieren unbedingt von oben nach unten abstechen. Das Brot, das sich am Boden der Form befindet hat das wunderbare Aroma des Gemüses aufgenommen.

100 Km Tramuntana-Gebirge

Das Tramuntana-Gebirge auf Mallorca ist ein weiteres eingetragenes Weltkulturerbe der UNESCO. Das Gebirge ist fast 100 km lang, bis zu 1450 Meter hoch und zieht sich an der gesamten West- und Nordwestküste entlang. Dort fällt es zum größten Teil steil ins Mittelmeer.

Es gibt an dieser gesamten Küste nur einen natürlichen Hafen, Port de Soller, was diese Gegend für Naturliebhaber sehr interessant macht. Hier stehen die höchsten Berge der Insel in nur knapp 5 Km Luftlinie vom Meer entfernt. Ich habe schon wunderschöne Fotos von schneebedeckten Gipfeln und leuchtend blauem Meer gemacht. Hier können Sie Wanderungen mit alpinem Anspruch und zugleich Blick auf das Mittelmeer machen. Und zum Abschluss noch ein Bad im Meer nehmen.

Viele Mallorquiner lieben die Berge, außer im Sommer, wenn es zu heiß ist. Im Herbst, Winter und Frühjahr packen sie sonntags die ganze Familie und ein großes Picknick ins Auto und fahren in die Berge. Es gibt dafür gut ausgestattete Picknickplätze mit Tischen und Bänken. Zu jeder Sitzgruppe gehört ein Grill, der von Oktober bis

Ende April von allen benutzt werden darf. Von Mai bis September nicht, wegen Waldbrand-Gefahr, aber dann ist es den Mallorquinern sowieso zu heiß zum Wandern.

Die Wälder bestehen aus Kiefern und Steineichen, unter denen früher die typisch mallorquinischen, schwarzen Hausschweine gehalten wurden, von denen ich schon erzählt habe. Oberhalb der Baumgrenze oder dort wo der Wald durch Brände, Abholzung und Erosion fehlt, finden wir eine Gebüsch-Landschaft, die Macchia (garriga). Das hat durchaus seinen Reiz hat, diese Landschaft gibt uns den Blick frei auf die Berge und Täler, die Ebene und das Meer und es duftet nach Kräutern und Hölzern.

Ein Grund, warum in den letzten 20 Jahren das Wandern auch bei den Touristen immer beliebter wurde. Ich bin selbst bei jeder in den Bergen unterwegs und führe Gäste der Insel durch die traumhafte Landschaft an die schönsten Stellen. Dabei lege ich höchsten Wert auf Individualismus, ich führe Sie ausschließlich exklusiv und individuell geplant. Oft gehen wir dabei auf alten Steinwegen, die schon die Araber oder die Römer angelegt haben. Heute ist die Pflege und Reparatur der Steinwege ein Lehrberuf geworden. Das richtige Setzen der Steine ist nicht so einfach wie es scheint und soll ja auch mindestens die nächsten Hundert Jahre halten.

Ebenfalls von den Arabern angelegt und in den Bergen überall zu finden, wo Olivenbäume stehen, sind die vielen Terrassen mit ihren Trockenstein-Mauern. So viele und so präzise gearbeitet, dass sie die Erde vor Erosion schützen und das Wasser bei starken Regenfällen abfließen kann. Aus diesem Grund wurden die Trockensteinmauern auf Mallorca zum dritten Weltkulturerbe der UNESCO eingetragen.

Über Schneehäuser und Speise-Eis

Wenn wir uns im Tramuntana-Gebirge an einem Nordhang über 1.000 Höhenmetern befinden, dann kann es gut sein, dass wir tiefe gemauerte Mulden antreffen. Mit tief meine ich wirklich tief, so um die 6 Meter. Die gemauerten Mulden sind 10 - 16 Meter lang und ca. 6 - 8 Meter breit.

Das sind die Überreste von Schneehäusern. Es soll einmal über 50 Schneehäuser gegeben haben. Überall am Mittelmeer schneit es im Winter ab einer bestimmten Höhe und natürlich unter 0°C. Und überall war der Schnee seit der Antike heiß begehrt. Vielmehr das was im Frühjahr von dem Schnee übrig bleibt, nämlich das Eis. Wenn es schneite, gingen ein paar Schneesammler auf den Berg, sammelten den Schnee ein und lagerten ihn in den tiefen gemauerten Steinmulden. Dann wurde er abgedeckt. Durch das Eigengewicht verdichtete sich der Schnee zu einem riesigen Eisblock.

Im Frühjahr und Sommer kamen die Männer wieder auf den Berg zu ihrem Schneehaus, sägten Blöcke aus dem Eis. Die schweren

Eisblöcke wurden erst in Körben auf dem Rücken, dann auf Eselskarren nach unten in die Städte und zu den herrschaftlichen Fincas transportiert, wo sie Abnehmer für das Eis fanden. Sie können sich vorstellen, dass die Männer sich beim Abstieg sehr beeilen mussten, wenn sie noch etwas verkaufen wollten.

Ein mallorquinischer Freund aus meinem Schwimmverein in Palma, der in den 1920er Jahren geboren war, erzählte mir, dass er noch Stangeneis mit dem Eselskarren ausgefahren hat. Das kam damals allerdings nicht mehr aus den Bergen, sondern wurde schon industriell hergestellt. Der Grund, warum Eisblöcke verkauft wurden war, dass es außerhalb der Ortschaften noch nicht überall Strom für einen Kühlschrank gab und sich auch nicht jeder einen Kühlschrank leisten konnte. Also wurde das Stangeneis in eine große Holztruhe gelegt und das was gekühlt werde sollte, wurde einfach dazu gelegt.

In der Antike war Eis ein Luxusartikel, zur Kühlung, zum Beispiel von Getränken, aber auch als Delikatesse zum Essen. Schon in der Antike schabte man das Eis, mischte es mit Honig und Früchten, manchmal mit Trockenfrüchten wie Feigen und fertig war das Eis.

Rezept: Sorbete de limón y naranja, Zitrus-Sorbet

Den Italienern ist die hohe Kunst der Eisherstellung heute zu verdanken, das cremige Eis, das wir so lieben, mit Eigelb und Sahne. Doch auch ein Sorbet kann köstlich schmecken und so haben die Mallorquiner auch eine lange Tradition der Eisherstellung.

Drei Eissorten möchte ich vorstellen: Eine Zitronen-Sorbet, dass Sie das ganze Jahr über zubereiten können, wenn Sie einen Zitronenbaum haben sollten, oder an wirklich reife und ungespritzte Zitronen kommen. Ein Orangen-Sorbet für das die Stadt Soller wegen ihrer Orangenbäume bekannt ist. Orangen, die auch wirklich von der Insel kommen, bekommen Sie von Dezember bis Mai. Und als drittes Eis das berühmte Mandeleis Mallorcas.

<u>Zutaten für das Zitronen-Sorbet:</u>
4 große saftige und unbehandelte Zitronen

150 gr. Zucker
0,5 Liter Wasser

Die Zubereitung für das Zitronen-Sorbet:
Für das Sorbet verwende ich die ganzen Zitronen, deshalb ist es wichtig, dass sie ungespritzt sind. Die ganzen Zitronen (mit Schale) grob würfeln, dabei die Kerne entfernen und dann im Mixer fein pürieren. Die Schalen mit ihren ätherischen Ölen enthalten das meiste Aroma. Das macht den schönen Zitronengeschmack aus, ohne dabei zu sauer zu werden. Den Zucker in einen Topf geben, mit ein wenig Wasser erhitzen und für 20 Minuten köchelnd zu einem Sirup rühren. Jetzt die pürierten Zitronen und das restliche Wasser dazugeben und noch 10 Minuten weiterköcheln lassen. Den Topf vom Herd nehmen und in eine flache Schale füllen. Abkühlen lassen und dann in das Tiefkühlfach geben. Alle halbe Stunde gut umrühren. In ca. 5-6 Stunden ist das Sorbet fertig.

Einfacher ist die Zubereitung natürlich in einer Eismaschine, da wird Ihnen das Rühren während des Einfrierens abgenommen. Ein Sorbet ist ein guter Zwischengang, ein leichtes Dessert oder versuchen Sie das fertige Sorbet mal mit einem mallorquinischen Gin. 1-2 Blättchen frische Minze sind nicht nur eine schöne Dekoration, Minze gibt auch geschmacklich eine zusätzliche Note.

Zutaten für das Orangen-Sorbet:
4 große reife Orangen
100 gr. Zucker
¼ Liter Wasser
Saft einer Zitrone

Die Zubereitung für das Orangen-Sorbet:
Wieder den Zucker in einen Topf geben, mit etwas Wasser bedecken und unter Rühren aufkochen lassen. Ca 20 Minuten köcheln lassen, dann das pürierte Fruchtfleisch der Orangen, den Saft der Zitrone und das restliche Wasser dazu geben und noch weitere 10 Minuten unter Rühren weiter köcheln lassen. Abkühlen lassen und in einer flachen Schale in den Tiefkühler geben. Jetzt genau, wie beim Zitronen-Sorbet über 5-6 Stunden immer mal wieder rühren, damit sich so wenig wie möglich Kristalle bilden.

Hier passt zum fertigen Orangen-Sorbet am besten ein Schuß guter Rum. Ich empfehle allerdings, den Alkohol nie vor dem Einfrieren in das Sorbet zu geben, da Alkohol ja je nach Prozenten nicht gefriert. Also lieber anschließend mit dem Servieren mit einem Schuss Rum übergießen.

Noch einen Servier-Vorschlag:
Dieses Sorbets lassen sich sehr dekorativ in den halbierten Schalen der Früchte servieren. Dazu unten etwas gerade schneiden, ohne in das Fruchtfleisch zu schneiden, damit die Halbkugel später gut steht. Dann vorsichtig das Fruchtfleisch entfernen und für die Weiterverwendung pürieren. Die leeren Schalen bis zum Servieren einfrieren. Dann hält sich später das Sorbet schön lange kühl und es sieht einfach super aus.

Rezept: Gelat de almendra, Mandeleis

Versuchen Sie für dieses Rezept Mandeln von Mallorca zu bekommen. Sie sind zwar kleiner und die Schale härter, aber sie sind dafür süßer und aromatischer. Das macht einen wirklich großen Unterschied. Dieses Rezept soll in seiner ursprünglichen Version auf eine Zeit zurück gehen, als das Eis noch aus den Schneehäusern in den Bergen geholt wurde.

Zutaten:
200 gr. geschälte Mandeln
200 gr. Zucker
¼ Liter Wasser
¼ Liter Milch
¼ Liter Sahne
½ Teelöffel Zimt
Schale einer Zitrone

Die Zubereitung:
Die Mandeln sehr fein mahlen. Den Zucker in einen Topf geben,

mit etwas Wasser bedecken und aufkochen. Dann noch 20 Minuten unter Rühren weiter köcheln lassen. Genauso wie bei den beiden vorherigen Eisrezepten. In einen anderen Topf, das restliche Wasser, die Milch und die Sahne erhitzen, die gemahlenen Mandeln dazugeben und kurz aufkochen lassen. Jetzt beides zusammenschütten, den Zimt, die Schale der Zitrone und etwas Zitronensaft dazugeben und gut mischen.
Nach dem Abkühlen in den Tiefkühler geben und wie schon bei den vorherigen Rezepten regelmäßig rühren, damit sich keine Kristalle bilden. Nach 5-6 Stunden dürfte das Eis fertig sein.

Traditionell wird es mit einem Stück Mandelkuchen, dem gató serviert.

Rezept: Gató, der Mandelkuchen

Verwechseln Sie bitte nicht „gato" und „gató". Gato ist die Katze und gató der Mandelkuchen. Ich liebe diesen Mandelkuchen, denn er hat keinen Boden, er wird ohne Mehl und ohne Backpulver gebacken und die Zutatenliste ist denkbar kurz.

Zutaten:
200 gr. mallorquinische geschälte Mandeln
150 gr. Zucker, am besten Puderzucker
6 Eier
Schale einer Zitrone
½ Teelöffel Zimt

Die Zubereitung:
Die Mandeln ganz fein mahlen. Die Eier trennen und das Eigelb mit dem Zucker, dem Zimt und der Zitronenschale verrühren. Dann die Mandeln hinein rühren bis Sie eine homogene Masse haben. Jetzt das Eiweiß ganz steif schlagen. Machen Sie den Schüssel-über-den-Kopf-Test, wenn Sie sich trauen.

Dann heben Sie den Eischnee ganz vorsichtig unter die Mandelteigmasse.

Traditionell wird der Mandelkuchen in einer mallorquinischen, vorher ausgefetteten Tonform gebacken, Sie können natürlich auch ihre runde Springform nehmen. Bei ca. 175 °C 50 bis 60 Minuten backen. Die Hitze und die Backzeit variiert immer ein bisschen, je nach Backform und je nach Ofen. Ich mache immer den Test mit einem Holzspieß. Bleibt kein Teig mehr haften, dann ist der Kuchen fertig. Wenn der Kuchen abgekühlt ist, nur noch mit Puderzucker bestreuen und mit Mandeleis und Schlagsahne servieren.

Mönchsgeier, Majestäten der Lüfte

Dort oben im zentralen Tramuntana-Gebirge, wo wir die höchsten Berge Mallorcas finden, dort wo auch die Schneehütten stehen, leben ganz besondere Tiere. Es sind die Mönchsgeier, die mit fast 3 Metern Spannweite und einem Gewicht von bis zu 12 kg die 2.-größten Greifvögel der Welt sind.

Vor 20 Jahren waren sie fast ausgestorben. Da gab es hier nur noch wenige Paare. Dann wurden sie unter Naturschutz gestellt. Eine Stiftung kümmert sich um den Schutz, beobachtet die Aufzucht in der Natur und hilft und versorgt verletzte Tieren. Sie werden zum Teil auch nahe ihrer Nistplätze gefüttert. Geier fressen ausschließlich Aas, also Ziegen und Schafe, die in den Bergen leben und dort ganz natürlich gestorben sind. Seitdem hat sich der Bestand erholt. Inzwischen gibt es wieder so viele Geierpaare auf Mallorca, dass erste Geierpärchen wieder nach Südfrankreich und ins östliche Mittelmeer exportiert werden konnten.

Es gibt noch eine 2. Art, die Gänsegeier. Sie sind etwas, aber unwesentlich kleiner, etwas heller und kaum von den Mönchsgeiern zu unterscheiden, wenn sie am Himmel über den Bergen ihre Kreise ziehen. Beide Geierarten sieht man rund um den Puig Mayor, um dem Massanella und den Tomir. Dort ziehen sie ihre Kreise, immer paarweise und immer in der Thermik gleitend ohne einen einzigen Flügelschlag. Das ist ein wunderschöner Anblick.

Wenn Sie den Geiern mal ganz nahe kommen möchten, dann besuchen Sie die Mönchsgeier-Stiftung nahe Ullaro „Fundación Vida Silvestre". Dort werden kranke und geschwächte Geier betreut. Eine Fütterung in 2-3 Meter Entfernung ist ein Erlebnis.

Die drei Wohnsitze der Mallorquiner

Kommen wir noch einmal zum Meer. Das ist ja auch der Hauptgrund, der so viele Menschen nach Mallorca zieht. Während die Mallorquiner im Herbst, Winter und Frühjahr in die Berge gehen, fahren sie im Sommer ans Meer.

Die meisten Mallorquiner leben in ihrem Alltag in ihren Städten und Dörfern. Dort gehen die Kinder zur Schule und die Erwachsenen gehen ihrer Arbeit nach. Die Wochenenden verbringen sie gerne mit Freunden und Familie auf dem Land. Sie lieben die Natur und sie lieben ihre Insel. Deshalb haben die meisten Mallorquiner ein mehr oder weniger großes Gartengrundstück außerhalb der Stadt oder des Dorfs. Dort stehen Mandel- und Obstbäume, oft ein Gerätehäuschen und natürlich ein Tisch mit Stühlen und einem Grill. Oft wurde diese Casita, das Häuschen, mit der Zeit etwas erweitert und ausgebaut, so dass sie darin auch übernachten können und oft wurde noch mehr daraus. Manchmal ein richtiges Wohnhaus.

Das ist aber noch nicht alles. Viele Mallorquiner haben noch ein 3. Domizil, nämlich eins am Meer für die Sommerferien. Das kann ein einfaches Apartment sein oder auch ein Häuschen, je nach Geldbeutel. Ich habe mitbekommen, dass Nachbarn in Binissalem Ende Juli ihr Auto packen und den ganzen August in ihrem 30 Km entfernten Apartment in Port Alcudia verbringen, ohne zwischendurch nach Hause zu fahren.

Das hört sich jetzt vielleicht etwas übertrieben an. Doch die Mallorquiner, die das so genießen, haben doch Recht, was brauchen sie mehr? Warum die Insel verlassen um ein Ferienhaus irgendwo auf dem Festland zu haben? Die Insel bietet doch alles! Mallorca, dieser Mini-Kontinent. Mallorca, mein Paradies!!!

Rezept: Trampó, der Sommersalat

Zum Schluss möchte ich noch meinen Lieblingssalat vorstellen. Trampó ist ein leichter frischer Sommersalat und schon der Duft versetzt mich in ein Sommerglücksgefühl. Wenn Sie die Zutaten nicht im Garten haben, dann kaufen Sie sie auf dem Markt, um die beste regionale Qualität bekommen.

Zutaten:
3 Tomaten
2 grüne Paprika (auf Mallorca gibt es hellgrüne längliche Paprika)
1 weiße Zwiebel
natives Olivenöl extra
Salz

Die Zubereitung ist denkbar einfach:
Alle Zutaten in kleine Würfel schneiden, mit etwas Olivenöl und Salz abschmecken… schon fertig. Natürlich passen da auch Kapern oder Oliven rein. Im Originalrezept sind allerdings keine drin. Ich liebe diesen einfachen mallorquinischen Salat.

Schlusswort

In diesem Buch zeige ich einen kleinen Einblick von Mallorca, in vergangene Zeiten und das Leben von heute. Beim Schreiben musste ich mich immer wieder bremsen, damit ich mich nicht verzettle und damit ich kein 1000-Seiten-Buch schreibe.

Ich könnte ohne Ende weiter schreiben, so viele Themen fallen mir noch ein. Das wird nicht mein letztes Reisebuch sein und nicht nur über Mallorca.

Überblick über die Rezepte

Weitere Bücher der Serie:

.... erscheint im Januar 2021,

weitere Reisebücher befinden sich in Arbeit.....

Empfehlungen

Die Webseite der Naturschutzbehörde mit allen Naturschutzparks, auch des Vogelschutzparks Albufera, der Mönchsgeier-Stiftung, der Finca Son Real mit seinem archäologischem Museum u.v.m: **www.balearsnatura.com**

Öffentl. Bahn- und Busverbindungen: **www.tib.org**
Bahn nach Soller: **www.trendesoller.com**
Museu Mallorca: **www.caib.es/sites/museudemallorca**
Museums-Finca La Granja: **www.lagranja.net**
Finca-Paradies: **www.elpueblo-mallorca.eu**
Fincahotel und Restaurant bei Soller: **www.sonbleda.com**
Caroline Fabian: **www.privatecooking-mallorca.com**
Minkner & Partner, Immobilien: **www.minkner.com**
Erlebnisreiseführer: **www.mallorca-sunnyguide.com**
Fahrradverleih/Cafe in Deia & Port de Soller: **www.equipsoller.com**
Produkte aus Soller: **www.fetasoller.com**

Schauen Sie gerne auch auf meinen Seiten vorbei:

Infos unter: **www.prinzessin-stolberg.com**
YouTube: **www.youtube.com/astrid0501/videos**
Instagram: **www.instagram.com/prinzessinzustolberg**

Facebook:
www.facebook.com/astrid.zustolberg

Danke für Ihr Interesse!

Printed in Poland
by Amazon Fulfillment
Poland Sp. z o.o., Wrocław

68662774R00078